Anton Winzer

**Die Bereitung und Benutzung des Papiermaché und ähnlicher Kompositionen**

Anton Winzer

**Die Bereitung und Benutzung des Papiermaché und ähnlicher Kompositionen**

ISBN/EAN: 9783743671607

Hergestellt in Europa, USA, Kanada, Australien, Japan

Cover: Foto ©Lupo / pixelio.de

Weitere Bücher finden Sie auf **www.hansebooks.com**

# Neuer Schauplatz
## der
# Künste und Handwerke.

Mit

## Berücksichtigung der neuesten Erfindungen.

Herausgegeben

von

einer Gesellschaft von Künstlern, technischen Schriftstellern und Fachgenossen.

Mit vielen Abbildungen.

## Hunderteinundfünfzigster Band.

Winzer, die Bereitung und Benutzung des Papiermaché.

Dritte Auflage.

---

Weimar, 1884.

Bernhard Friedrich Voigt.

Die

Bereitung und Benutzung

des

# Papiermaché

und

## ähnlicher Kompositionen.

Ausführliche Erörterung über die zu diesen Massen gebrauchten Stoffe, Gerätschaften, Werkzeuge und Maschinen; insbesondere auch über die Verwendung dieser Massen zu Larven, Puppenköpfen, Tierfiguren und anderem Kinderspielzeug, Galanteriewaren, Obst- und andern Früchten, Büsten, Statuetten, Vasen, Urnen, Konsolen, Basreliefs, Gemälderahmen, Uhrgehäusen, Wassereimern, Waschbecken, Blumenvasen, Fidibusbechern, Tabaksbüchsen und Tabaksdosen, Waggonrädern, Jalousien, Knöpfen, Wandbekleidungen, Schildern, Steinpappe, Schieferpergament, Teerpapier und dergleichen mehr.

Nebst

gründlicher Anweisung,

wie man diesen Artikeln durch Schleifen, Malen, Lackieren, Bestreuen mit Scherwolle, Vergolden, Versilbern, Bronzieren, Dekorieren mit Kupferstichen und Lithographien u. s. w. den höchsten Grad von Vollendung geben kann.

Dritte, zum Teil ganz neu bearbeitete und mit den neuesten Fortschritten bereicherte Auflage.

Herausgegeben von

Anton Winzer.

Mit 1 Tafel Abbildungen.

Weimar, 1884.

Bernhard Friedrich Voigt.

# Vorwort.

Die Fabrikation der mannigfaltigsten Gegenstände aus Papiermaché macht gegenwärtig einen wichtigen Gewerbszweig aus und beschäftigt nicht allein eine Menge Fabriken, sondern wird auch von vielen einzelnen Familien mehr im Kleinen betrieben, denen sie indessen eine nicht unbedeutende Finanzquelle eröffnet, indem hier die meisten Arbeiten von der Art sind, daß Frauenspersonen und sogar Kinder recht gut dabei verwendet werden können. Dabei gibt es wohl selten ein Material, welches so vielfältiger Benutzung fähig ist, als das Papiermaché und in mannigfaltiger Hinsicht das Holz, den Stein, den Gips, das Horn, das Elfenbein, das Wachs, das Glas, das Porzellan, das Blech, die Bronze ꝛc. zu ersetzen vermag. Wenn man nämlich aus Papiermaché ziemlich ausschließlich Larven, Puppenköpfe, Tierstücke, Schnupftabaksdosen, Masken und Steinpappe verfertigt, so ersetzt diese noch außerdem:

    a) **das Holz** für Jalousien, Schatullen, Spiel-, Näh- und Uhrkästchen, Etuis, Bilderrahmen, Kinderspielzeug, Tiere, Knöpfe, Konsolen und sonstige Fußgestelle;

    b) **den Stein** für Statuen, Ornamente, Vasen, Konsolen und sonstige Fußgestelle, Tabaksdosen;

    c) **den Gips** für Büsten, Tiere, Vasen, Tafelaufsätze;

d) das Horn, den Knochen und das Elfenbein für Knöpfe, Etuis, Nadelbüchsen;

e) das Wachs für alle Sorten von Obst und Früchten;

f) das Glas für Leuchter, Salzfässer, Vasen;

g) das Porzellan für Tassen, Tabaksdosen, Tafelaufsätze, Schreibzeuge, Leuchter, Salzfälzer, Vasen;

h) das Blech für Lichtschiffchen, Spielkästchen, Markenteller, Untersätze für Gläser und Flaschen, Strickkörbchen, Obstkörbchen, Leuchter, Kinderspielzeug;

i) die Bronze für Büsten, Ornamente, Lüster, Wand- und Tafelleuchter, Bas- und Hautreliefs.

Außerdem leistet das Papiermaché als Steinpappe die nützlichsten Dienste zur leichten und feuerfesten Bedachung der Gebäude und zur trefflichen Ergänzung beschädigter Teile unendlich vieler Gegenstände.

Bedenkt man nun noch, daß die meisten der aus Papiermaché dargestellten Erzeugnisse koloriert, vergoldet, lackiert, oder mit Kupferstichen und Lithographien dekoriert werden können, was nicht allein zu ihrer Konservierung sehr viel beiträgt, indem sie sich dann der Reinigung halber mit Wasser abwaschen lassen, sondern sie auch dem Auge wohlgefälliger macht: so kann man leicht hieraus abmessen, welches weite Feld nützlicher und gewinnbringender Thätigkeit dieser interessante Gewerbszweig besonders solchen eröffnet, welche nicht die Geldmittel besitzen, um irgend einem anderen Industriezweige ihre Arbeit widmen zu können, der größeres Kapital verlangt, wenn er mit Vorteil betrieben werden soll. Aus diesem Grunde waren wir der Meinung, daß der Papiermachéfabrikation eine Stelle in diesem Schauplatze der Künste und Handwerke gebühre.

# Inhaltsverzeichnis.

Seite

**Erstes Kapitel.** Vom Bossieren der Modelle zu Larven und Puppenköpfen, Tierstücken und allerlei Kinderspielzeug, sowie von der Anfertigung der Formen über erstere .

**Zweites Kapitel.** Die Bereitung des Papierzeuges aus Lumpen mittels Maschinen . . . . . . 8

**Drittes Kapitel.** Von der Bereitung des Papierzeuges im Kleinen und von verschiedenen Zusätzen für den Zweck, Larven und Puppenköpfe daraus zu verfertigen . . 22

**Viertes Kapitel.** Von dem Ausdrücken der Larven und Puppenköpfe in den Formen, sowie von dem Ausheben und Trocknen derselben . . . . . . . . 24

**Fünftes Kapitel.** Von dem Glätten, Beschneiden und Zusammensetzen der Puppenköpfe . . . . . 26

**Sechstes Kapitel.** Von der Bereitung der für Larven und Puppenköpfe bestimmten Grundierfarbe und des dazu erforderlichen Leimwassers . . . . . . 27

**Siebentes Kapitel.** Das Grundieren und Trocknen der Larven und Puppenköpfe, wie auch das Schleifen derselben 29

**Achtes Kapitel.** Vom Einsetzen der Glasaugen, vom Malen der Augen, Lippen und Haare . . . . 32

**Neuntes Kapitel.** Von der Bereitung der zum Ueberfirnissen von Larven u. Puppenköpfen dienenden Lackfirnisse 33

**Zehntes Kapitel.** Von dem Malen oder Schminken der Wangen bei den Larven und Puppenköpfen . . . 38

**Elftes Kapitel.** Von der anderweiten Benutzung des oben (im 2. und 3. Kapitel) angegebenen Papiermaché, wie namentlich zur Verfertigung von Büsten, Haubenköpfen, Statuetten, Tierfiguren, Obst- und andern Früchten, Galanteriewaren, allerlei Kinderspielzeuge u. s. w. . . 39

Seite

Zwölftes Kapitel. Von einem andern Papiermaché, welches sich ebenso wie das vorige zu vielerlei Gegenständen benutzen läßt . . . . . . . . . . 41

Dreizehntes Kapitel. Von einem Papiermaché, welches sich vorzugsweise zur Verfertigung von allerlei Gefäßen, wie auch zu der von Tabaksdosen und andern Artikeln eignet . . . . . . . . . . 43

Vierzehntes Kapitel. Von einem Papiermaché, welches zu sogenannten Preßspänen oder Glanzpappen, Wandbekleidungen, Schildern, Jalousien und Knöpfen verwendbar ist   50

Fünfzehntes Kapitel. Von einem Papiermaché, woraus sich Basreliefs, Zierden für architektonische Zwecke, Vasen, Urnen, Konsolen, Termen und andere Fußgestelle, Gemälderahmen, Uhrgehäuse und dergl. verfertigen lassen . . 56

Sechzehntes Kapitel. Von der Verwendung des Papierstoffs zu Waggonrädern . . . . . . 59

Siebzehntes Kapitel. Von mehreren, dem Papiermaché ähnlichen Kompositionen, aus welchen man die Steinpappe, das Schieferpergament, das Teerpapier und dergl. herzustellen pflegt . . . . . . . . . 60

Achtzehntes Kapitel. Von dem Verfahren, wie die verschiedenen Gegenstände aus Papiermaché, deren Verfertigung weiter oben gelehrt worden ist, zu vergolden, zu versilbern, zu bronzieren, oder mit andern geschmackvollen farbigen Anstrichen zu versehen sind . . . . . . 65

Neunzehntes Kapitel. Von noch einigen Vorschriften zur Bereitung verschiedener schöner und vornehmlich farbiger Lackfirnisse, durch welche den aus Papiermaché gefertigten Artikeln der höchste Grad von Vollendung erteilt werden kann . . . . . . . . . 72

Zwanzigstes Kapitel. Von dem Verfahren, wie Gegenstände aus Papiermaché mit Kupferstichen oder Lithographien zu dekorieren sind . . . . . . . 82

# Erstes Kapitel.

**Vom Bossieren der Modelle zu Larven und Puppenköpfen, Tierstücken und allerlei Kinderspielzeug, sowie von der Anfertigung der Formen über erstere.**

---

Die Kunst des Bossierens besteht darin, einem weichen Stoffe durch Kneten mit einfachen Werkzeugen eine mehr oder weniger künstliche Form zu geben. Sie wird hauptsächlich angewendet, um Modelle zum Abgießen darzustellen, auch zuweilen, um die bossierten Gegenstände unmittelbar selbst als Verzierung oder zu anderem Behufe bleibend zu benutzen.

Zum Bossieren sind alle jene Stoffe tauglich, welche die gehörige Gleichförmigkeit und Feinheit der Masse haben und entweder beständig weich oder wenigstens während der Zeit der Bearbeitung weich erhalten werden können. Man bedient sich hierzu aber fast ausschießlich des Wachses und des Thones.

Das Wachs schmelzt man, um es weicher und knetbarer zu machen, mit Terpentin, überdies wohl auch mit etwas Talg, Schweinefett oder Baumöl zusammen und setzt ihm dabei, teils um ihm die natürliche Halbdurchsichtigkeit zu benehmen, teils um es der Bestimmung gemäß zu färben, Bleiweiß, Zinnober, Menninge, Bolus, Kolkothar, Mitisgrün, Kienruß u. s. w. zu. Wenn der bossierte Gegenstand weiß oder von einer anderen hellen

Farbe sein soll, muß man das schönste weiße Wachs und den reinsten Terpentin anwenden. Zu dunkeln Farben, oder in Fällen, wo auf Schönheit der Farbe nichts ankommt, kann gelbes Wachs gebraucht werden. Das nach dieser Weise bereitete Bossierwachs wird vorläufig mit den Fingern in die rohe Gestalt geknetet. Gegenstände, welche nach allen Seiten frei stehen, oder nach dem Bildhauerausdruck rund sind, werden entweder ganz aus Wachs gebildet, oder erhalten einen Kern von Holz. Zu halb erhabenen Arbeiten trägt man das Wachs auf ein flaches Holzstück, eine Schiefertafel, oder irgend eine andere Unterlage von Holz, Gips, Metall und dergleichen auf. So kann z. B. das Modell zum Guß einer Vase aus Gips oder Holz gedreht und die Verzierung aus Wachs darauf bossiert werden.

Die Werkzeuge zum Bossieren sind hölzerne, beinerne oder elfenbeinerne Griffel, Bossiergriffel, Bossierhölzer genannt, d. i. dünne Stäbchen, welche an ihren Enden spitzig, rund, schaufelförmig, gebogen und auf allerlei andere Weise gestaltet sind, wie es der Zweck erfordert. Die Fertigkeit des Künstlers muß aus dem Vorrate dieser Instrumente für jeden Teil seiner Arbeit dasjenige zu wählen wissen, womit man am bequemsten und schnellsten die Absicht erreicht, einen Teil des Wachses auf gewisse Art zu formen. Uebrigens läßt sich von dem Verfahren beim Bossieren keine nähere Beschreibung geben, da es so sehr von der Beschaffenheit des Gegenstandes und von der Willkür des Arbeiters abhängt. Durch das Drücken und Kneten mit den Griffeln (wobei man letztere, um das Ankleben des Wachses zu verhindern, mit Speichel, Wasser oder Baumöl befeuchtet) erhält allmählich das Wachs die Gestalt, welche man ihm geben will. Wenn man hierauf den bossierten Gegenstand mit rektifiziertem Terpentinöl abwäscht, so nimmt dieses die kleinsten Rauhigkeiten weg und gibt der Arbeit Glätte und Glanz. Denselben Zweck erreicht man ohne Waschen, wenn man sich kupferner Bossiergriffel bedient, die mit Quecksilber benetzt werden.

Ein häufig benutztes Abdruckwachs wird auch aus Oel, Wachs und Haarpuder bereitet, und man pflegt es, nachdem es vorher mit Haarpuder gut eingestäubt worden, auf das abzuformende Modell wohl anzudrücken und alsdann von demselben abzuheben, mit Wasser auszustreichen und den angemachten Gips, wie weiter unten gelehrt wird, hineinzugießen.

Leichter als das Wachs läßt sich der Thon mit den Bossiergriffeln, die hier ebenfalls befeuchtet werden müssen, ausarbeiten; allein da derselbe, besonders bei der Ausbildung feiner Teile, sehr bald trocknet, wodurch er seine Knetbarkeit verliert, so verlangt er große Behendigkeit. Aus demselben Grunde muß der Thon nach und nach teilweise, sowie man desselben bedarf, aufgetragen werden. Es ist nötig, einen feinen, sehr bildsamen und beim Austrocknen nicht zu sehr schwindenden Thon zu wählen und denselben durch Schlämmen oder wenigstens durch Stoßen und Sieben zu reinigen, bevor man ihn mit Wasser anknetet. Man glättet die bossierten Gegenstände mittels eines nassen Haarpinsels, größere Flächen derselben mit einem feuchten Schwamme. Wird die Arbeit unterbrochen, so bedeckt man das Stück mit einem durchnäßten Tuche, um das Austrocknen des Thons zu verhindern.

Einen sehr brauchbaren Modellierthon, der bedeutend billiger als das Modellierwachs ist, an dessen Stelle er in allen Fällen selbst bei den feinsten Arbeiten treten kann, und vor dem er den Vorzug hat, daß er in der Kälte wie in der Wärme weich bleibt, seine plastische Eigenschaft fortwährend behält und deshalb ohne weitere Kosten und Mühen einer unbeschränkt langen Verwendung fähig ist, erhält man auch, wenn man den Thon zunächst ganz austrocknet, dann sehr fein pulvert und ihm endlich soviel Glycerin beimischt, als nötig ist, um daraus eine plastische Masse zu machen. So lange der Thon noch feucht ist, darf man ihm kein Glyzerin beimengen, weil nachher eine eine Wasserverdünstung eintritt, infolge deren er seine plastische Eigenschaft einbüßt.

Die Modelle zu Larven und Puppenköpfen müssen nun so bossiert werden, daß über einen halben Kopf oder Larve und über beide Hälften eines senkrecht zerschnittenen ganzen Kopfes sich bequem Gipsformen gießen lassen, wobei besonders darauf Rücksicht zu nehmen ist, daß bei der ganzen Form des Kopfes nichts so unterbossiert oder unterarbeitet werde, daß das Herausgehen des halben Kopfes aus der darüber gegossenen Form verhindert wird.

Die so bossierten Modelle werden nach dem Trocknen in Gips abgeformt und die erhaltene Gipsform getrocknet, alsdann mittels eines Haarpinsels so lange mit Alaunwasser gesättigt, bis das Wasser in derselben stehen bleibt, worauf man sie neuerdings trocknen läßt. Endlich wird diese ausgetrocknete konkave Form auf beiden Seiten dergestalt mit Leinöl getränkt, daß sie dem Stein im Angriff und Härte ähnlich wird, und aus derselben werden alsdann Modelle in Gips ausgegossen.

Um Gipsformen herzustellen, welche eine ganz vorzügliche Härte besitzen, geht man auf folgende Weise zu Werke: Auf ungefähr 30 Teile feinen Gipsmehles nimmt man einen Teil feinpulverisierten gebrannten Kalk, den man mit Wasser zu Brei löscht und als solchen der mit Leimwasser angerührten Gipsmasse innig einmengt. Aus der so erhaltenen Mischung werden die Formen hergestellt. Man läßt sie sodann vollkommen austrocknen, worauf sie etliche Male mit siedendem Leinöl gestrichen werden. Sobald auch diese Anstriche vollkommen trocken geworden, gibt man noch einen Anstrich von Leinölfirnis. Aus dergleichen Massen gefertigte und so behandelte Formen pflegen sich sehr gut zu erhalten und die Härte des Steines anzunehmen.

Die Gipsmodelle erwärmt man nach dem Trocknen ebenfalls, hilft an ihnen, wo es noch fehlt, mit stählernen Instrumenten nach, tränkt sie mit Alaunwasser, firnißt sie dann nach dem Trocknen und gießt über ihnen, sobald sie gehörig trocken sind, Formen aus Schwefel, dem man feine Eisenfeilspäne gut inkorporiert hat. Diese

Formen besitzen eine ziemliche Dauer und geben sehr scharfe Abgüsse

Will man aber auf wohlfeilere Weise, als durch Bossieren sich Modelle verschaffen, so schafft man sich ein Sortiment Puppenköpfe an und sucht ganz besonders solche auszuwählen, welche in den einzelnen Teilen des Antlitzes recht scharf ausgedrückt sind. Diese bestreicht man mit einem Schwämmchen oder Malerpinsel sorgfältig mit reinem Baumöl, gießt über sie eine Gipsform, trocknet dieselbe, tränkt sie mit Alaunwasser, wenn sie ausgetrocknet sind, mit Firnis oder Leinöl und gießt dann in denselben sich Gipsmodelle aus, an welchen man, mittels eines stählernen Bossiergriffels, die an den erkauften Sortimentsköpfen durch Farbe stumpf gewordenen Züge nachbossiert. Ueber die so erhaltenen Gipsmodelle gießt man alsdann auf die bereits angegebene Weise die Schwefelformen. Bemerkt muß hier werden, daß man zu dem Ausgießen der Gipsmodelle nur feinen Alabastergips anwenden darf, weil jeder andere zu sandig ist, um das trockene Nachbossieren mit dem stählernen Griffel zu gestatten.

Der zum Abformen zu verwendende Gips muß frisch gebrannt und mittels Durchsieben durch ein feines Haarsieb von allen etwa noch vorhandenen gröberen Teilen befreit sein.

Reines und gutes, aus Alabaster bereitetes Gipspulver muß sich, in der Hand gedrückt oder gerieben, zart und fett anfühlen und darf nicht an den Fingern hängen bleiben. Fühlt es sich rauh und trocken an und bleibt davon an den Fingern hängen, so taugt es deswegen, weil fremde Erden beigemischt sind, nicht viel und ist dann für den in Rede stehenden Zweck nicht wohl brauchbar.

Da der gebrannte Gips eine große Neigung und die Fähigkeit hat, das durchs Brennen ihm entzogene Kristallwasser wieder anzuziehen, so muß er nach dem Brennen und Pulverisieren sofort in ein luftdichtes Gefäß etwa in ein Fäßchen oder Kistchen, gethan und bis zur

Verwendung in einem trockenen Raume aufbewahrt worden sein.

Das Einrühren des Gipses nimmt man, zur Vermeidung des Anhängens, in einem Gefäße von Fayence oder in einem hölzernen, das mit Oel ausgestrichen ist, vor. Das Wasser dazu muß rein sein; am besten ist Regenwasser, demnächst abgekochtes und wieder abgekühltes Brunnenwasser. Nimmt man statt dessen saure Milch samt den Molken, so erlangt der Gips binnen 24 Stunden eine außerordentliche Härte. Die Manipulation des Einrührens muß, wegen schnell erfolgender Erstarrung des Gipses, behend geschehen und erfordert auch sonst noch besondere Sorgfalt, teils damit keine Luftblasen in den Gips kommen, teils daß die erforderliche Wasserquantität angewandt werde. Im erstern Betrachte muß die Vermischung durch sorgfältiges, gleichförmiges, ruhiges Umrühren und Umwenden im Wasser mittels eines Spatels geschehen. Im zweiten Betrachte ist zu bemerken, daß ein zu dünn eingerührter Gips nur langsam, ein zu dick eingerührter dagegen zu schnell erhärtet. Erfahrung muß hier die richtigen Verhältnisse kennen lehren, welche sich übrigens nach verschiedenen Umständen abändern. Zu Formen wird der Gips im allgemeinen etwas dicker eingerührt, als zu Figuren, desgleichen dicker zu größeren Stücken, als zu kleineren; auch zu stark gebrannter Gips kann dick angerührt werden, da er, wenn er beim Trocknen hart geworden ist, kurz darauf wieder weich wird oder, wie man zu sagen pflegt, nachläßt. Man gibt die Regel: den zum Gießen in Formen bestimmten Gips, wenn man ihn in einem Becken anrührt, kegelförmig so lange im Wasser aufzuhäufen, bis die Spitze des Haufens über das Wasser hervorrage, dann erst und nicht früher ihn mit dem Wasser anzurühren, wo er dann die gehörige Dicke haben wird. Man kann übrigens das Erhärten des Gipses durch Erwärmen desselben vor dem Einrühren oder durch Zusatz von $33^{1}/_{3}$ Gramm Alaun und $33^{1}/_{3}$ Gramm Salmiak (auf $^{1}/_{2}$ Kilogramm Gips) zum Einrührwasser befördern, durch Leimwasser, Bier oder Kosent dagegen verzögern.

Sobald der Gips die nötige dickflüssige Beschaffenheit erlangt hat, wird er über das zuvor mager geölte, mit einem drei Finger hohen Thonrande umgebene Modell so vorsichtig gegossen, daß nichts von den, auf dem eingerührten Gipse schwimmenden, Luftblasen oder Schmutzteilen mit hineinkommt. Zu diesem Behufe zieht man mittels einer Kelle oder eines Löffels diese schmutzigen oder blasigen Teile des eingerührten Gipses von der Stelle des Gefäßes hinweg, von welcher aus man gießen will.

Sobald nun der Gips über das Modell innerhalb des umgebenden Thonrandes gegossen ist, wird der Tisch, auf welchem das erstere steht, eine geringe Zeit hindurch in eine rüttelnde Bewegung gesetzt, damit Luftblasen, welche sich zwischen dem Modelle in den tieferen Teilen desselben und zwischen der flüssigen Gipsmasse erzeugt haben, noch durch letztere, so lange, als sie flüssig ist, nach der Oberfläche der letztern emporsteigen können.

Auch hier muß nochmals in Erinnerung gebracht werden, daß alle diese Verrichtungen schnell hintereinander folgen müssen, weil sonst durch die schnell bindende Kraft des Gipses der Zweck nicht erreicht werden würde.

Wir wenden uns nun zur Bereitung des Papierzeuges, teils, wie es für den Fabrikgebrauch aus Hadern*) und Hadernsurrogaten mittels Maschinen, teils auch für die Verwendung im Kleinen aus Papierabfällen und Buchbinderschnitzeln durch Auflösen und Kochen dargestellt wird.

---

*) Hadern ist der technische und kaufmännische Ausdruck für Lumpen, und greift eigentlich etwas weiter als letzterer, insofern dazu nicht lauter abgetragene Fetzen, sondern auch Abfallläppchen von neuen Zeugen gehören.

## Zweites Kapitel.

**Die Bereitung des Papierzeuges aus Hadern und Hadernsurrogaten mittels Maschinen.**

Um das zu einer fabrikmäßigen Anfertigung von Waren nötige Papierzeug möglichst wohlfeil herzustellen, pflegt man dasselbe nicht, wie bei einem nur kleinen Bedarfe, aus Papierabfällen, sondern aus Hadern und Hadernsurrogaten zu bereiten, und dabei sich der zur Papierfabrikation gebräuchlichen Maschinen zu bedienen.

Der Gang der Papierzeugbereitung ist zu dem Ende gewöhnlich folgender:

Die aufgekauften Lumpen werden, in gebleichte und ungebleichte sortiert, von den Lumpenhändlern an die Papiermaché-Fabriken verkauft, welche die fernere genaue Scheidung in die, für die Bereitung der verschiedenen Papierzeuge nötigen, Sorten durch Arbeiterinnen unternehmen; sie werden teils nach der Feinheit der Gewebe, teils nach dem Alter der Abnutzung sortiert, indem sonst, wenn alte abgetragene Stücke und wenig abgenutzte Lumpen gleichzeitig miteinander verarbeitet werden, wegen der ungleichen Festigkeit der Fäden eine ungleich zerteilte Masse entsteht, da bei gleicher Behandlung die festeren Fäden der mechanischen Operation des Zerteilens mehr widerstehen, als alte. Gleichzeitig werden alle Nähte, Bausche u. s. w. abgetrennt und der Zwirn entfernt. Dann werden die Lumpen mittels einer, ziemlich allgemein nach dem Prinzip der Häckselladen eingerichteten, Maschine zerschnitten, von wo sie auf ein schräg gelagertes, hin- und hergehendes Drahtsieb fallen, zur Absonderung von Staub, Schmutz u. dergl. Noch besser als Siebe dient zu diesem Zwecke neuerdings eine Maschine von ähnlicher Art wie der sogenannte Wolf in der Wollspinnerei. Sonst pflegt man nachher; stets einen Gärungsprozeß folgen zu lassen, indem man die Lumpen nach zuvoriger Einweichung übereinander geschüttet bis zur Erhitzung und Gärung liegen ließ, um einen mürberen Teig zu erhalten; neuerdings werden sie aber nach ihrer Zerschneidung gleich in das Geschirr, d. i. eine Hammer- oder Stampfmühle, oder auch unter einen sogenannten Holländer gebracht.

Das Geschirr besteht aus horizontal gelagerten Hämmern, welche von der Hammerwelle am Stirnende durch Daumen gehoben werden. Vier bis fünf Hämmer bewegen sich in einem länglichrunden Troge des Löcherbaumes aus Eichenholz oder Sandstein. Die Hämmer haben unten eine eiserne Bahn; es sind nämlich fünf Keile eingetrieben, welche im Holze durch umgelegte Ringe zusammengehalten werden; sie schlagen gegen messingene Platten, die am Boden der Tröge befestigt sind. Gereinigtes Wasser, frei von Eisen und Erden, wird durch Rinnen zugeleitet und fließt durch Beutel ein und durch enge pferdehaarne Siebe ab. Durch das taktmäßige Nacheinanderaufschlagen der Hämmer in einem Trog werden nicht allein die Lumpen zermalmt, sondern auch eine Bewegung derselben und des Wassers bedingt, wodurch ein Auswaschen erfolgt. Ehe der Holländer üblich wurde, bediente man sich der Hämmer ausschließlich zur Bereitung des Papierzeuges; allein jetzt findet meist das Gegenteil statt, nämlich, daß man ausschließlich Holländer anwendet, jedoch ist das Geschirr nicht in allen Fällen ganz zu umgehen, auch erfordert es beträchtlich geringere Betriebskraft.

Der Holländer (beiläufig gesagt, eine in Deutschland erfundene, in Holland verbesserte Maschine) besteht — nach einer der neueren Konstruktionen — aus einem länglichrunden, aus starken Bohlen gefertigten Trog, der mitunter auch wohl mit Blei ausgeschlagen ist, in der Längenachse desselben ist eine Scheidewand angebracht, welche aber von den Stirnwänden absteht, so daß die Flüssigkeit in dem Troge frei um dieselbe zirkulieren kann. In der einen Hälfte des Troges liegt in der Mitte die Walze, ein aus Eichenholz gefertigter, 57 Zentimeter im Durchmesser haltender Cylinder, auf welchem eiserne verstählte (auch wohl messingene) Schienen parallel mit der Achse zu 40 bis 60 eingelassen und mittels Ringen aufgeteilt sind; zwischen den Schienen befinden sich sanfte Auskehlungen. Die Zapfen der Achse der Walze ruhen in Pfannenlagern, die zu beiden Seiten des Troges auf hölzernen Gerüsten lagern. Die Walze wird durch Stell= schrauben, mittels welcher man die horizontalen Backen, die sich um Bolzen drehen können, hebt und senkt, hoch und niedrig stellt, wenn man nicht statt der Walze das Grundwerk auf und nieder stellen will, wozu auch Vor= richtungen angegeben worden, welche jedoch nicht gewöhn= lich und unzweckmäßig sind.

Unter der Walze liegt ein eichener Holzblock, der Kropf, welcher in der Mitte einer der Peripherie der Walze entsprechende Höhlung hat, vorn sanft ansteigt, hinten sehr steil abfällt, um das Abfließen der durch den Abstand zwischen der Walze und dem Kropf durchgegange= nen Flüssigkeit zu bedingen und den steten Zufluß zu er= leichtern. Senkrecht unter der Welle ist in dem Kropf das Grundwerk befestigt, Schienen, welche teils parallel mit denen der Walze, oder besser unter einem spitzen Winkel mit diesen unverrückbar festgestellt sind, so daß, wenn die Schienen der Walze an denen des Grundwer= kes vorbeistreichen, beide eine ähnliche Wirkung ausüben, als eine stumpfe Schere. Die letzteren befinden sich in einem eisernen Kasten, oder auf einer eichenen Bohle be= festigt, die man herausziehen und mit einer anderen ver= tauschen kann, wenn die Schienen stumpf geworden. Sie müssen nicht eigentlich schneiden, sondern ausfasern, rupfen, zerquetschen. Man hat einfache Schienen auf der Walze und auch dreifache, von ersteren 40 bis 50, von letzte= ren 20, je nachdem man die Holländer zur Fertigung von Halbzeug oder Ganzzeug allein gebrauchen will. Ist dieses der Fall, so nennt man erstere Halbzeug=Holländer.

letztere Ganzzeug-Holländer. Die Walze in ersteren bewegt sich langsamer, nämlich 120 bis 130 mal, in letzteren hingegen 160 bis 170 mal in der Minute; die Walze ist bei diesen dem Grundwerke mehr genähert, als bei jenen. Jedoch braucht man auch sehr oft einen und denselben Holländer zu beiden Zwecken, vermehrt nach und nach die Geschwindigkeit und die Annäherung an das Grundwerk.

Eine zweite Funktion des Holländers ist das Waschen, welches besonders beim Fertigen von Halbzeug und nach dem Bleichen desselben von der größten Wichtigkeit ist. Zu dem Ende sind in der Haube, welche über die Walze gedeckt ist, um das Verspritzen von Wasser, infolge des sehr raschen Umschwunges derselben, zu vermeiden, zwei Drahtsiebe vor und hinter der Walze eingesetzt, damit die von der Walze in den Zwischenräumen zwischen je zwei Schienen gefaßte und gegen das hintere und vordere Sieb mit großer Kraft geworfene Zeugmasse sich von dem Wasser scheide und in den Trog zurückfalle, das schmutzige Wasser aber durch zwei Röhren, die in zwei Oeffnungen der Haube passen, abfließe; aber trotz dieser wird durch die große Geschwindigkeit der Bewegung immer etwas Zeug mit durchgetrieben. Während der Holländer in Thätigkeit ist, fließt unaufhörlich Wasser zu und ab, und die im Troge befindliche Wassermasse mit den Lumpen oder dem Halbzeug kommt in einen Kreislauf um die Scheidewand. Soll nicht mehr gewaschen werden, wie bei der Anfertigung von Ganzzeug, so werden vor die Siebe in der Haube Bretter, blinde Scheiben vorgestellt, welches das Abfließen des Wassers verhindern. Die Bewegung der Walze erfolgt durch ein Getriebe, welches mit einem großen Rad in Eingriff steht, auf dessen Welle sich ein zweites Getriebe befindet, in welches das Stirnrad der Betriebswelle eingreift. Zum Betrieb eines Holländers sind vier Pferdekraft erforderlich.

Man bringt in den Trog des zum Waschen und zur Anfertigung von Halbzeug bestimmten Holländers das

abgewogene Quantum zerschnittener, gesiebter Lumpen und
läßt reichlich Wasser zufließen, stellt die Walze so, daß
die Schienen diejenigen des Grundwerkes nicht berühren,
sondern daß ein Zwischenraum zwischen denselben bleibt.
Man beabsichtigt ein Ausfasern und Waschen der zer-
kleinerten Lumpen. Nach zwei Stunden sind die Lumpen
in eine Breimasse verwandelt, Halbzeug genannt. Der
Halbzeug wird nun entweder sogleich in die zur Anfertigung von Ganzzeug bestimmten Holländer abgelassen, oder
in demselben Holländer weiter verarbeitet, wenn man nicht
etwa den Halbzeug in diesem Zustand aufbewahren will,
denn manchmal hebt man Halbzeug in Vorrat auf, wenn
wegen Mangel an Wasser es auf einige Zeit an der vollständigen Betriebskraft fehlt. Das Verfahren in dem
Holländer zur Fabrikation von Ganzzeug ist dem beschriebenen ganz analog, nur wird nicht mehr gewaschen.
Wendet man neben dem Holländer auch ein Geschirr an,
so vertritt dieses die Stelle des ersten Holländers und
liefert den Halbzeug für letzteren. Die Holländer arbeiten in derselben Zeit weit mehr Masse fertig, als das
Geschirr, nehmen weniger Raum ein, waschen die Lumpen
weit besser aus, als die Hämmer, allein ein Holländer
gebraucht ebensoviel Kraft, als 32 bis 36 Hämmer.

Da der Holländer die wichtigste Arbeitsmaschine bei
der Papierzeugbereitung ist, und von seiner Konstruktion
zum Teil sowohl das Quantum als auch in gewissem Grade
die Qualität des Papierzeuges abhängt, so hat man dieser
Maschine stets eine besondere Aufmerksamkeit zugewendet
und sie fortdauernd zu verbessern gesucht, und so sind denn im
Laufe der Zeit eine Menge darauf abzielender Vorschläge
zu Tage gefördert worden, auf deren spezielle Erörterung
wir indes hier nicht wohl eingehen können, weil dann un-
ser Schriftchen zu umfänglich würde, an Uebersichtlichkeit
verlöre und eine unnötige Preiserhöhung erfahren müßte.
Bemerkt sei aber, daß gegenwärtig außer dem oben beschriebenen Holländer auch ein von der Firma Gebr. Sach-
senberg in Roßlau an der Elbe konstruierter Hadern-
schneider, infolge seiner Leistungsfähigkeit, eine große

Verbreitung gefunden hat. Derselbe besteht, wie aus **Figur 1**, ersichtlich ist, aus einer Trommel von etwa 1 Meter Durchmesser und 40 Zentimeter Länge, deren cylindrische Oberfläche mit Schlitzen versehen ist, welche so gestellt sind, daß die Schneidflächen der in ihnen befestigten Messer tangential zur Oberfläche der Trommel stehen. Die letztere rotiert an der Vorderseite eines Speiseapparates. An derselben Seite des letzteren befindet sich ein festes Messer. Zwischen diesem und den Messern der rotierenden Trommel werden die Hadern zerschnitten. Die Stücke werden an der vorderen Seite des über die Trommel gestellten Gehäuses durch den durch Drehung der Trommel entstehenden Luftstrom herausgeworfen.

Will man dem Zeug eine angenehme weiße Farbe geben, so ist es nötig, ihn zu bleichen. Das Bleichen des Halbzeuges geschieht entweder mit Chlorgas in eigenen Apparaten, oder mit einer Auflösung von Chlorkalk im Holländer oder Geschirr. Im ersten Falle läßt man den Halbzeug abtropfen, so daß er aber von möglichst gleicher Feuchtigkeit ist, schlägt ihn in einen mit gut schließendem Deckel versehenen Kasten, spart in der Mitte einen Raum aus und leitet Chlorgas von oben in denselben, oder man breitet den Halbzeug auf Horden aus, um dem Chlor mehr Gelegenheit zu geben, eindringen zu können. Nach 24 bis 36 Stunden wird der Apparat geöffnet, wobei für guten Luftwechsel Sorge zu tragen ist. Der Halbzeug sieht weiß aus und riecht nicht eben stark nach Chlor; er muß im Holländer oder Geschirr gut gewaschen werden, um alle Salzsäure, die sich gebildet hat, aus demselben zu entfernen.

Soll mit Chlorkalk gebleicht werden, so wendet man die Flüssigkeit nur im völlig klaren Zustand an. Man gießt dieselbe entweder in den Holländer, in welchem der Halbzeug dargestellt wird, nachdem die Lumpen schon einige Zeit lang bearbeitet und gewaschen worden, läßt sie 1 oder $1^1/_2$ Stunde lang mit den Lumpen in Berührung, während welcher Zeit kein Zu- und Abfluß des Wassers stattfindet, oder man bearbeitet den Halbzeug im Geschirr mit der Chlorkalkflüssigkeit und wäscht nachher unter gehörigem Wasserzufluß vollständig aus. Die letztere Verfahrungsweise gewährt mehr Vorteil, als die erstere; man rechnet bei der ersteren 3 Teile trocknen Chlorkalk auf 100 Teile Halbzeug, bei der zweiten etwa 2 bis $2^1/_2$ Prozent. Man setzt der Bleichflüssigkeit auch so viel Schwefel- oder Salzsäure zu, als nötig ist, den Kalk zu neutralisieren und alles Chlor zu entbinden, indem dann allerdings ein kräftigeres Bleichen erreicht wird. Jeder Ueberschuß von Säure muß durch fortgesetztes Waschen völlig entfernt werden, bis das Lackmuspapier keine Spur von Rötung zeigt. Mehrere Fabrikanten ziehen das Bleichen mit Chlorgas der Anwendung des Chlorkalkes vor, aber wohl mit Unrecht.

Dies war denn das Verfahren, welches bei der Papierzeugbereitung für eine Verwendung im Großen gewöhnlich stattzufinden pflegt. Unerwähnt mag jedoch nicht bleiben, daß man in der neuesten Zeit hie und da angefangen hat, von demselben in mancher Hinsicht etwas abzuweichen, wie denn in allen Industriezweigen jetzt andere Verfahrungsweisen, als die bisherigen, in der Absicht versucht werden, dadurch einen gewissen vorhabenden Zweck besser und leichter zu erreichen. So wird namentlich jetzt das Waschen und Reinigen der Lumpen schon vorgenommen, bevor man sie unter den Holländer bringt, indem man sie zu dem Ende der Einwirkung der Dämpfe und des heißen Wassers in einem besonders dazu eingerichteten Apparate, Hadernkocher genannt, unterzieht. Aber auch an den Hadernkochern ist neuerdings wieder geändert worden, und unter den mancherlei hierauf bezüglichen Verbesserungsvorschlägen wird jetzt der von den Gebrüdern Laiblin in Pfullingen konstruierte Hadernkocher für am zweckmäßigsten gehalten. Seine Einrichtung geht aus nachstehender Beschreibung, welche wir dem „Kunst- und Gewerbeblatt für das Königreich Bayern, Aug. und Sept. 1862, S. 517", entnehmen, hervor. Es heißt nämlich alldort:

„Der Apparat, ein von Eisenblech zu verfertigender auf zwei gußeisernen Achsen ruhender Cylinder, welcher durch ein Rad in rotierende Bewegung versetzt werden kann, wird mittels vier an demselben angebrachten Mannlöchern, deren Deckel je mit zwei Schrauben dampfdicht angepaßt und, mit Scharnieren versehen, umgeschlagen werden können, ohne alle Schwierigkeit gefüllt und entleert. Der Dampf sowohl, als das Waschwasser und die Kalkmilch strömen durch den einen Zapfen in ein die Achse bildendes mit kleinen Löchern versehenes Rohr und aus diesem in den Kessel oder Cylinder.

In diesem sind auf dessen innerer Fläche 6 bis 8 Waschkästen von Eisenblech, ebenfalls mit kleinen Löchern versehen, angebracht, und in der Mitte derselben auf der Peripherie des Cylinders die Hähne.

Bei den Umdrehungen des Apparates werden die in demselben befindlichen Lumpen (Hadern) durch die Waschkästen in die Höhe gehoben und fallen über das Dampf und Wasser zuführende Rohr wieder herunter, so daß ein stetes Durcheinanderwerfen der Lumpen stattfindet und die zur Reinigung derselben dienenden Stoffe überall gleichmäßig eindringen können.

In die zeitweilig auf dem unteren Teil des Cylinders befindlichen Waschkästen strömt durch deren Oeffnungen die in dem Cylinder befindliche Flüssigkeit ein, welche, nachdem sie während des Kochens der Hadern mittels des einströmenden Dampfes bei einem Drucke von zwei und mehr Atmosphären gehörig mit den unreinen Stoffen der Lumpen vermischt wurde, durch die Hähne abgelassen werden kann, um durch das durchlöcherte Rohr an deren Stelle reinere Flüssigkeiten, Wasser und Dampf zu bringen und so die Lumpen vollkommen zu reinigen.

Im Gegensatz zu den bisher bekannten rotierenden Hadernkochern, welche aus einem feststehenden und einem in diesem hineinzuschiebenden rotierenden Cylinder bestehen, besteht die in Rede stehende Erfindung hauptsächlich in dem die Achse bildenden mit kleinen Löchern ver=

sehenen Rohr, sowie den Waschkästen, in welchen die Hähne zum Ablassen des Wassers ꝛc. angebracht sind und ferner in den leicht zu öffnenden und zu verschließenden Mannlöchern.

Die Vorteile, gegenüber den bisher bekannten rotierenden Hadernkochapparaten, sind:

1) Daß nur ein Kessel notwendig ist, dieser Kessel auf die bequemste Weise gefüllt und entleert werden kann und dadurch das längere Zeit und besondere Maschinen erfordernde Herausziehen des einen Kessels aus anderen wegfällt, auch der Kessel eben deshalb in einem kleinen Raume aufgestellt werden kann.

2) Daß das Reinigen der Lumpen bei dem stattfindenden Durcheinanderwerfen schneller stattfindet, und daß bei dem kleinen Umfange des Kessels gegenüber den dasselbe Quantum Lumpen fassenden Kesseln der bisher bekannten Apparate auch eine Ersparnis an Brennmaterial von circa 25 Prozent stattfindet; und

3) daß endlich ein Hadernkochapparat nach der bezeichneten Weise um die Hälfte billiger hergestellt werden kann, als ein ebensoviel Lumpen fassender Apparat mit zwei Cylindern."

Nach einer in „Armengauds Genie industriel" befindlichen Mitteilung ist von E. Gardner in Maidstone, Grafschaft Kent, eine Maschine erfunden worden, deren Zweck darin besteht: das Papierzeug vor seiner Verarbeitung einer vollständigen Zerreibung zu unterwerfen.

Sie ist in Fig. 2 und 3, im Aufriß und Querschnitt dargestellt.

Die metallene Bütte A steht auf den gußeisernen Füßen N. An ihrem Boden hat sie das verschließbare Mannloch P und oben eine Schale D, welche mit A dicht verbunden ist. Ferner tritt seitlich das Rohr D′ mit der nach innen sich öffnenden Klappe r ein; endlich sind an dem Gefäße die Träger m für die Lager e der Horizontalwelle C angesetzt. An dieser Welle hängt mittels der Arme u der Rührer B, welcher aus einem tonischen Metallgefäß besteht, dessen beide große Seiten mit zahlreichen Oeffnungen b oder mit einem mehr oder weniger engen Gitter versehen sind. Oben ist dieses Gefäß offen und mit der Schale D in Verbindung.

Das Papierzeug kommt in die Bütte A, worauf diese durch den elastischen Deckel o geschlossen wird, welcher auf die Ränder von D und B so paßt, daß er die Bewegung des Rührers nicht hindert.

Die Bewegung erfolgt durch die auf den Lagern M ruhende Welle l mit dem Schwungrade V, der Riemenscheibe J, der Kurbel E, der Stange g und dem Krummzapfen h an der Welle C des Rührers B. Diese Bewegung kann vermehrt oder vermindert werden, indem man den Zapfen der Kurbel f von dem Mittelpunkt der Scheibe E entfernt oder demselben nähert.

Hiernach ist die Wirkungsweise der Maschine leicht verständlich.

Das schon vorbereitete Papierzeug tritt durch D' ein, und sammelt sich um das Mahlgefäß B. Dieses drückt in seiner abwechselnden Kreisbewegung gegen die innern Wände von A, wobei die Klingen und Löcher an seiner Oberfläche die Masse zermalmen und in das Innere des Gefäßes treiben, von wo der stets zunehmende Inhalt dann durch den Kanal d abfließt, um entweder weiter verarbeitet oder dem Prozeß nochmals unterworfen zu werden. Der Rückstand in A kann durch P entfernt werden. In den Seiten von A sind endlich Oeffnungen angebracht, um den Rührer zu reinigen.

Endlich sei noch eines, von Thomas Gray angegebenen, Verfahrens zum Bleichen gefärbter Lumpen für die Paperzeugbereitung gedacht. Dasselbe besteht (nach einer im „Repertory of Patent-Inventions" befindlichen Mitteilung) in folgendem:

Nachdem die Lumpen zunächst in gewöhnlicher Art gereinigt und gekocht sind, bringt man sie in eine lauwarme Mischung von 1 Volum Salzsäure und 32 Volumen Wasser. Wenn sie mit dieser Flüssigkeit gesättigt sind, was gewöhnlich nach etwa zwei Stunden der Fall ist, nimmt man sie wieder heraus, läßt sie abtropfen und bringt sie dann in ein gewöhnliches Chlorkalkbad. Nachdem sie 10 Minuten lang darin verweilt haben, sind alle Farben verschwunden, ohne daß die Faser geschwächt ist. Man wäscht die Lumpen dann und verarbeitet sie weiter wie gewöhnlich. Man kann nach diesem Verfahren weißes Papierzeug ganz aus gefärbten Lumpen herstellen.

Der immer steigende Papierbedarf bei stationär bleibender Erzeugung von Hadern hat längst Bemühungen hervorgerufen, für die Hadern geeignete Ersatzmittel aufzufinden, und diese Bemühungen sind denn auch nicht ohne günstigen Erfolg geblieben. Die Papiermasse besteht nämlich aus Pflanzenfasern, also aus demjenigen Stoffe, welcher im ganzen Gewächsreich den Hauptbestandteil ausmacht; der Gedanke, das Rohmaterial zu Papier aus anderen Faserstoffen als aus Flachs, Hanf oder Baumwolle zu entnehmen, hat demnach nichts Unrationelles und es sind auch schon längst hunderterlei mehr oder weniger gelungene Papiere aus andern Faserstoffen hergestellt worden. Wenn es nun auch nicht gelungen ist und es wohl auch nicht dazu kommen wird, die Hadern ganz entbehrlich zu machen, so hat man doch gelernt durch Zusatz anderweiter Stoffe zur Papiermasse an dieser zu sparen. Freilich müssen die Hadernsurrogate in gehörigen Quantitäten zu haben sein und dürfen auch nicht höher als die Hadern selbst zu stehen kommen. Die Hadern haben indes vor den Hadernsurrogaten das voraus, daß bei ihnen die Faser bereits für andere Zwecke aus der Pflanze isoliert, durch Tragen und Waschen in den Zustand der Teilbarkeit und Verfilzbarkeit gekommen ist, daß sie für die Papiererzeugung gleichsam schon eine Art Halbfabrikat bildet, während die natürliche Pflanzenfaser erst aus ihren Verbindungen gelöst und für die Verarbeitung präpariert werden muß, was kostspielige Röst- oder Koch- und Bleichprozesse voraussetzt. Von den vielen bisher in Vorschlag gebrachten Hadernsurrogaten haben leider aber doch nur wenige eine wahrhaft praktische Bedeutung erlangt, und diese wenigen wieder sind nicht für eine jede Gegend zugänglich. In England verwendet man als Hadernsurrogat das sogenannte „Esparto", unter welchem Namen man verschiedene Arten der Gattung „Pfriemengras (Stipa)" begreift, welche in Südspanien und Nordafrika auf streilem, sandigem und steinigem Boden in Menge wild wachsen und die man von dorther sehr billig per Seefracht bezieht. In Frankreich dagegen benutzt man als Hadernsurrogat die Rinde vom Maulbeerbaum, wilder Akazie, Fächerpalme und anderen Gewächsen aus Algier. Bei uns in Deutschland ist man ziemlich allgemein zu dem Resultat gekommen, daß (abgesehen von Stroh) die Holzfaser vorläufig das einzige praktische Surrogat sei, und die Anwendung derselben in der Papierfabrikation ist denn auch gegenwärtig schon so verbreitet, daß wohl nur wenige Papierfabriken existieren möchten, die noch gar keine Bekanntschaft mit diesem Surrogat gemacht hätten. In den seltensten Fällen jedoch bereitet sich der Papierfabrikant den Holzstoff selbst, weil es ihm zumeist an der großen dazu erforderlichen Betriebskraft fehlt; er kauft denselben vielmehr fertig von den Holzschleifereien, welche jetzt schon in großer Zahl in der Nähe der Papierfabriken, besonders wo die Vorbedingungen, wohlfeiles Holz und Wasserkraft, vorhanden sind, sich etabliert haben. Der zum Holzschleifen dienende Apparat ist von Heinrich Völter in Heidenheim in Württemberg konstruiert worden, wird auch von ihm geliefert und besteht im wesentlichen aus einem großen, um eine horizontale Achse schnell sich drehenden Mühlstein, auf welchen unter beständigem Wasserzufluß Holzklötze, die Fasern parallel der Achse des Steines mittels selbstthätigen Schraubenvorrichtungen aufgepreßt und nach und nach ganz zu Brei geschliffen werden. Die fertige Masse wird nach dem Abtropfen in Kuchen gepreßt, die 16 Quadratdezimeter Fläche in sich fassen und 5 Zentimeter stark sind. Sie halten dann noch gegen 50 Prozent Wasser, werden aber in diesem Zustande versandt, weil die Masse überhaupt schwer austrocknet und dann auch sich nicht leicht in Wasser zerteilen würde. In=

des kommt die Ware doch zum Teil pulverförmig und ganz trocken in den Handel. Es können verschiedene Holzarten zu Papiermasse verarbeitet werden, und es ergeben sich je nach der Beschaffenheit derselben zwei Hauptsorten, eine weißere von Ahorn, Linden, Espen und dergl. für feinere Papiermasse, und eine Sekunda aus Nadelholz und anderen mehrfarbigen Hölzern für ordinäre; denn da der Holzstoff sich nicht bleichen läßt, so bringt er seine Naturfarbe mit in die Papiermasse und es darf daher, wo es sich um weiße Ware handelt, nur Primasorte und nicht zuviel zu dem Papierbrei aus Hadern gemischt werden. Uebrigens verträgt die Papiermasse Zusätze bis zu 50 Prozent, ohne gerade eine schlechte Qualität zu zeigen.

Noch sei aber bemerkt, daß man in Amerika in neuester Zeit bei dem Zerfasern des Holzes zur Papierfabrikation nach einem ganz andern Prinzipe verfährt, als bei uns in Deutschland. Dort ersetzt man nämlich die Schleifsteine durch raspel- oder feilenartig aufgehauene Ringe aus Stahl oder Hartguß, welche auf einen Cylinder gezogen sind. An dem einen Ende der Cylinderwelle greift die Betriebskraft an und von dem andern aus wird durch ein Schraubengetriebe und ein paar Daumen dem Gefäß, in welchem der zu schleifende Holzklotz liegt, eine hin und her gehende Bewegung erteilt. Der Holzklotz liegt mit seiner unteren Fläche auf der Schleifwalze und wird durch ein Gewicht oder eine Feder gegen dieselbe angedrückt. Neben der Schleifwalze und etwas tiefer als diese ist eine kleine Walze gelagert, welche mit Krempelbeschlag oder steifen Bürsten bezogen ist und durch Riemen von der Schleifwalze aus so umgetrieben wird, daß sie sich etwas schneller als diese und in der entgegengesetzten Richtung bewegt. Diese Krempelwalze hat die Bestimmung, den Faserstoff von der Schleifwalze abzunehmen und diese rein zu erhalten. Das Material wird unterhalb der Maschine in ein geeignetes Gefäß eingelegt. Der von der Maschine kommende Faserstoff ergibt sich unter dem Mikroskop und auch nach dem Gefühl als sehr wohl geeignet zur Mischung mit anderem Papierstoff. Er enthält weder Sägespäne, noch grobe Splitter, sondern besteht aus lauter gleichmäßigen Fasern, welche der kurzstapeligen Baumwolle ähneln.

Nicht immer werden aber die als Hadernsurrogat gebrauchten vegetabilischen Stoffe nach ihrer Zerfaserung ohne weiteres dem Papierzeug einverleibt, sondern sehr oft erst noch in einem Hadernkocher mittels Dampf oder in einem verschließbaren Kessel mittels Wasser, welches erhitzt wird, in eine breiige Masse verwandelt. Vornehmlich wird ein von W. Clark in London konstruierter Kochkessel für besagten Behuf vielfach benutzt. Seine Konstruktion ist der Art, daß die zu kochenden vegetabilischen Substanzen in die Flüssigkeit vollständig eingetaucht werden. Wie die bezügliche Abbildung in Fig 4 zeigt, ist der Kessel A vertikal, im Deckel befindet sich ein Mannloch a mit einem Mannhut b, der in der gewöhnlichen Weise befestigt ist. B ist ein an den Seitenwänden des Kessels befestigtes, horizontales Sieb, in der Mitte mit einem Mannloche c versehen, das wieder mit einem Mannhut d überdeckt ist. g ist ein vielfach durchlochtes, cylindrisches Rohr, das von dem Sieb B bis zum Deckel des Kessels reicht und die beiden Mannlöcher miteinander verbindet. C ist ein Manometer, D ein Sicherheitsventil, E ein Rohr am Boden des Kessels zum Ablassen des Inhaltes, F ein Ventil im Rohr E. Unter Umständen kann man im Innern des Kessels noch einen Rührapparat anbringen, der durch eine äußere Kraft Bewegung erhält. Der Gebrauch des Kessels ist folgender: Nachdem die Mannhüte abgenommen worden sind, wird der Kessel bis höchstens an das Mannloch c mit den zu kochenden vegetabilischen Substanzen gefüllt und darauf der untere Mannlochdeckel d aufgelegt und befestigt. Nun läßt man die Flüssigkeit ein, und zwar bis zu einer solchen Höhe, daß sie den Mannlochdeckel d vollständig überdeckt, daß also die feste Substanz völlig in die Flüssigkeit eingetaucht ist. Nachdem man dann noch den oberen Mannlochdeckel b befestigt hat, kann das Heizen beginnen. Dies geschieht entweder durch Dampf, der in eine Schlangenwindung im Innern des

Keſſels eingelaſſen wird, oder durch direktes Feuern. Im letzteren Falle bedient man ſich eines beweglichen Ofens H, der unter den Keſſel geſchoben wird und, wenn er ſeine Arbeit verrichtet hat, wieder beſeitigt wird. Wird das Ventil F geöffnet, ſo drückt der Dampf den Inhalt aus dem Keſſel heraus.

Obwohl das aus Hadern und Hadernſurrogaten bereitete Papierzeug viel billiger zu ſtehen kommt, als das aus Papierabgängen verfertigte, ſo erheiſcht es doch der Vorteil einer Fabrik, die Maſſe desſelben (zumal wenn dasſelbe zu Puppenköpfen und geringeren Spielwaren verwendet werden ſoll), durch Zuſatz von 25 Prozent Schlämmkreide, 5 Prozent mittelweißem Roggenmehl und 15 bis 20 Prozent Stärkewaſſer zu vermehren und wohlfeiler zu machen.

Außer dieſen Zuſätzen finden hin und wieder aber auch noch andere ſtatt, welche indes nur für beſtimmte einzelne Zwecke verwendbar ſind. Auf dergleichen Zuſätze werden wir weiter unten ausführlich zu ſprechen kommen.

## Drittes Kapitel.

### Von der Bereitung des Papierzeuges im Kleinen und von verſchiedenen Zuſätzen für den Zweck, Larven und Puppenköpfe daraus zu fertigen.

Das Material zur Bereitung der Papiermaſſe richtet ſich hauptſächlich nach dem Umſtande, ob die anzufertigenden Larven und Puppenköpfe oder ähnliche Gegenſtände beſonders fein oder nicht fein ausfallen ſollen. Im erſteren Fall nimmt man dazu die Hobelſpäne von weißem Druckpapier, die bei den Buchbindern zu haben sind, im zweiten Falle Abschnittte von ungeleimter oder halb geleimter Pappe. Diese Papiere oder Abschnitte werden in einen Kessel gegeben, tüchtig gekocht und während des Kochens aufs klarste zerrührt oder auch wohl, wenn das Kochen in einem kleineren Gefäße vorgenommen wird, gut zerquirlt, damit sie in eine dem Papierzeuge höchst ähnliche Masse verwandelt werden. Wer das Geschäft nicht fabrikmäßig treibt und seine Papiermasse nicht mit Maschinen erzeugt, aber in der Nähe einer Papiermühle wohnt, kann seinen Bedarf an Papiermasse auch von daher entnehmen.

Sobald die Papiermasse gekocht ist, zu welcher man jedoch kein bedrucktes Papier nehmen darf, weil sonst auf diesem jede Farbe abspringt, fischt man sie mit einem kleinlöcherigen Durchschlag aus dem Kessel, läßt sie abtropfen, macht Ballen daraus, zerreibt dieselben auf einer Rapeemaschine oder auf einem Reibeisen, oder stößt sie ganz fein in einem Mörser. Auf 2 Kilogramm dieser Masse setzt man 3 Kilogramm feingemahlene Kreide zu und versetzt beides mit Leimwasser, wozu $1/2$ Kilogramm Leim erforderlich ist. Das Wasser, welches durch das Abtropfen und Auspressen der obigen Papiermasse übrig geblieben ist, wird mit 250 Gramm Stärkemehl stark gesotten, dazu 66 Gramm Tabaksbeize mit Wermut gesetzt (wenn diese Beize nicht zu haben ist thut man auch Knoblauch und Wermut, oder das Leimwasser mit $1/2$ Kilogramm Koloquinten-Samen gekocht und, ehe es zum Leim kommt, durch Leinwand geseiht, dieselben guten Dienste) und damit den Leim aufgesotten. Die Masse erhält dadurch eine große Festigkeit, zugleich eine Art Elastizität und ist den Angriffen der Insekten nicht ausgesetzt. Nun knetet man diese Masse wohl durcheinander, so daß sie die Konsistenz eines Teiges erhält und treibt sie auf einem Tische mit einem Kuchenwelger, wie einen Kuchen aus. Endlich schneidet man daraus Stücke nach der Größe der Formen, die aus mehreren Teilen bestehen.

Nach einer zweiten, ebenfalls in Anwendung befindlichen Methode spaltet man dicken Pappendeckel, den man zuvor in Wasser etwas erweicht hat, in mehrere, jedoch nicht zu dünne, Teile (man kann auch Papier nehmen) und behandelt diese einzelnen Teile, wie die oben beschriebene Papiermasse.

## Viertes Kapitel.

**Von dem Ausdrücken der Larven und Puppenköpfe in den Formen, sowie von dem Ausheben und Trocknen derselben.**

Die obenerwähnten Formen dienen nun dazu, die Papiermasse in denselben in folgender Art auszudrücken. Man nimmt von dem zerrührten Papierbrei so viel, als man für die Größe der Form bedarf, drückt ihn zwischen den Händen gut aus, um das überflüssige Wasser daraus zu entfernen, und formt darauf auf dem Tisch aus dem Brei einen Ballen, den man mittels eines Kuchenwelgers in einen querfingerhohen Kuchen verwandelt. Man überdeckt ihn mit einem vierfach zusammengeschlagenen linnenen Tuche und drückt dasselbe mit den Händen auf, um ihm auf diese Weise noch einen Teil seines Wassers zu entziehen; alsdann schneidet man nach der Größe der Formen die nötigen Stücke daraus und drückt sie mit den Fingern oder eigends für diesen Zweck angefertigten Hölzchen in die Formen; jedoch sorgt man dafür, daß die in die Formen eingelegten Stücken, während man sie in die Vertiefungen der Form eindrückt, nicht zerreißen. Besonders gebraucht man die Vorsicht, die Papiermasse an den hervorragenden scharfen Rändern und vorstehenden Teilen der Form nicht weg- oder durchzudrücken, wodurch in dem Durchgedrückten sonst Löcher entstehen würden. Wo bedeutende Vertiefungen sind, bei Larven und Puppenköpfen z. B. da, wo sich die Nase befindet, drückt man noch ein besonderes Klümpchen Papiermasse, um das Zerreißen zu verhüten, hinein. Ist dieses alles mit der gehörigen Vorsicht und Sorgfalt ausgeführt, so drückt man mit einem schwachfeuchten Schwamm auf alle Teile der eingedrückten Papiermasse, bis dieselbe durch diese Operation möglichst von allem Wasser befreit ist. Hierzu ist es erforderlich, daß man den Schwamm, so lange er der Papiermasse noch Wasser entzieht, durch Auspressen zwischen den Händen, öfters vom Wasser befreit. Ist endlich durch diese Manipulation das Wasser aus der eingedrückten Papiermasse möglichst aufgesogen und fortgeschaft worden, so hebt man die eingedrückte Masse behutsam mit den Rändern aus der Form heraus und legt die so fertige Hälfte des Puppenkopfes, oder die Larve, mit dem Gesichte nach oben gekehrt, auf einen mit einem Drahtgitter überspannten hölzernen Rahmen zum Trocknen hin.

Hat man, wie oben angegeben, statt der Papiermasse zerspaltene Pappendeckel in Anwendung gebracht, so drückt man eine solche Schicht mit den Fingern oder mit den eigends dazu vorgerichteten Hölzchen in die Form, leimt hierauf noch eine oder mehrere Schichten darüber und zwar unter fortwährendem Andrücken, bis die gehörige Dicke erlangt worden ist. Diese Methode gibt ein festeres und der Feuchtigkeit mehr widerstehendes Resultat, ist aber kostspieliger.

Um die aus den Formen gehobenen Larven zu trocknen, benutzt man im Sommer Sonnenschein und Luft, im Winter dagegen die Wärme eines gut geheizten Zimmers. Am zweckmäßigsten wird im letzteren Falle das Zimmer rings um den Ofen mit Lattengestellen versehen, zwischen denen im gehörigen Abstande die mit Drahtgitter überspannten hölzernen Rahmen, auf welchen die aus der Form gehobenen feuchten Larven und Puppenkopfteile zum Trocknen möglichst dicht aneinander gelegt sind, eingeschoben werden können. Da bekanntlich in geheizten Zimmern die Luft im oberen Raume des Zimmers am wärmsten zu sein pflegt, so thut man auch wohl, unter der Decke des Zimmers Latten anzubringen, auf welche solche Rahmen behufs des Trocknens geschoben werden können.

## Fünftes Kapitel.

### Vom Glätten, Beschneiden und Zusammensetzen der Puppenköpfe.

Nachdem die Larven und Puppenköpfe auf die im vorigen Kapitel beschriebene Weise gut getrocknet worden, wird man finden, daß sie häufig ihre Form dabei mehr oder weniger verloren haben, und um dieselbe wiederherzustellen, verfährt man in folgender Weise:

Man bedient sich eines 15 Zentimeter langen, oben 18 und unten 12 Millimeter starken, an beiden Enden halbkugelförmigen, abgerundeten und polierten Stäbchens aus Buchsbaum, um damit in die gehärtete Gips- oder Schwefelform eingelegte und trockengewordene Larve auf die Weise zu polieren, daß man alle Teile der eingelegten Larve oder des Puppenkopfes durch starkes Aufdrücken mit dem runden glatten Teile des Polierholzes so glatt wie möglich reibt.

Ist diese Arbeit mit der gehörigen Sorgfalt verrichtet worden und sind die getrockneten Larven oder Puppenköpfe von einer Sorte gut geglättet, so schneidet man die über das Innere der Form hervorragenden Ränder mit einer feinen Schere oder einem scharfen Messer glatt hinweg. Dieses Beschneiden muß ganz besonders bei den einzelnen Teilen der Puppenköpfe, von denen immer zwei und zwei, nämlich eine Vorder- und eine Hinterseite, zu einem Ganzen zusammengesetzt werden, mit vieler Vorsicht geschehen.

Die Zereinigung oder das Zusammensetzen der beiden Teile der Puppenköpfe, nämlich der Vorder- und Hinterseite, zu einem Ganzen, ist nun die nächste Operation. Man nimmt dazu starken Tischlerleim und wischt dabei allen aus der Verbindungsfuge hervortretenden Leim sogleich sauber ab. Außerdem pflegt man auch die Fugen mit Papiermasse, nur mit mehr Leimwasser versetzt, zu verstreichen. Das Rauhe der Figur wird dann mit einem scharfen Messer zugeschnitten, zuletzt aber mit einer Feile und Schachtelhalm glatt gefeilt. Manche pflegen auch wohl die Verbindungsstelle der beiden Stücke mit einem 6 Millimeter breiten feinen Papierstreifen zu bekleistern.

## Sechstes Kapitel.

**Von der Bereitung der für Larven und Puppenköpfe bestimmten Grundierfarbe und des dazu erforderlichen Leimwassers.**

Es macht sich nun für die Ware ein mehrmaliger Anstrich von Grundierfarbe nötig, die für den Gegenstand paßt. Für matte Puppenköpfe bereitet man folgende Mischung:

1) Man löscht 2½ Kilogramm auserlesenen schönen weißen Kalk mit einer hinreichenden Menge Wasser ab, wirft 3 Kilogrammm pulverisierten Alaun darauf und läßt die Masse, nachdem man ihre Bestandteile mit Hilfe eines Rührscheites innig vermengt hat, bis zum nächsten Tage ruhen; dann versetzt man die Masse mit so viel Wasser, daß der Teig durch ein Seidensieb hindurch gerieben werden kann; und wenn auf diese Weise die aufgelösten Kalkteile gewonnen worden sind, so bringt man diese Kalkmasse zum Behuf des Abtropfens auf ein Filtrum. Den auf diese Weise erhaltenen Teig bringt man, nachdem er hinlänglich abgetropft hat, in ein Faß.

2) Man klopft das Eiweiß von 15 Eiern mit 250 Gramm Olivenöl so zusammen ab, daß beide Substanzen ein inniges Gemenge bilden, und setzt den auf diese Weise bereiteten Firnis dem in der ersten Operation gebildeten Teig zu. Die Schönheit der Ware hängt hauptsächlich von der Vollkommenheit der Vermengung dieses Firnisses mit dem Kalkalaunteig ab.

3) Der weiße Teig wird nun mit etwas Zinnober, der äußerst fein mit Branntwein abgerieben worden, und mit weißem Leimwasser, oder auch mit Gummiwasser zu einer Konsistenz verdünnt, daß er sich auf eine leichte Weise mit einem Pinsel auf die Puppenköpfe auftragen läßt. Einige wenige Striche mit einer reinen weichen Bürste geben der mehreremal aufgetragenen Farbe den nötigen matten Glanz.

Das weiße Leimwasser für die Grundierfarbe bereitet man sich aus den Bockschabespänen der Pergamentmacher, welche man bei diesen Professionisten käuflich haben kann, und verfährt dabei auf folgende Weise:

Man kocht die Bockschabespäne in einem wohlglasurten Topfe mit einer hinreichenden Quantität Wasser unter beständigem Umrühren und schäumt dabei die aufsteigenden kalkigen und schleimigen Teile vorsichtig ab. Nachdem die Bockschabespäne so lange Zeit, wie zum Garkochen des gewöhnlichen Rindfleisches erforderlich ist, gekocht haben, schöpft man mit einem Löffel etwas von der klaren, kochenden Flüssigkeit ab und läßt davon einige Tropfen auf ein kaltes Eisen oder auf eine kalte Marmorplatte fallen. Gerinnen diese Tropfen zu einer gallertartigen Substanz, so ist das Auskochen der Bockschabespäne hinreichend bewirkt und man muß die ganze Flüssigkeit durch ein Haartuch alsdann noch durchseihen und den Rückstand durchpressen.

Zu den fleischfarbenen Puppenköpfen kann man aus ganz hellem und durchsichtigem Nördlinger Tischlerleim ein hinlänglich brauchbares Leimwasser bereiten, wenn man den Leim in kleine Stücke zerbricht, alle dunkeln und undurchsichtigen Teile davon absondert, ihm 24 Stunden lang in eine Flüssigkeit, halb aus Kornbranntwein und halb aus Regen- oder Flußwasser bestehend, einweicht, und dann unter Zugießen von einer hinreichenden Quantität Regen- oder Flußwasser auf die bekannte Weise hinreichend flüssig kocht. Es hat die gehörige Konsistenz, sobald einige Tropfen auf ein kaltes Eisen, oder auf eine kalte Marmortafel fallend, gerinnen. Es darf weder das Pergamentleimwasser, noch das gewöhnliche Leimwasser vorrätig gehalten werden, weil es sonst verdirbt; man muß es vielmehr frisch verbrauchen und, wie das Folgende lehrt, warm verwenden.

## Siebentes Kapitel.

### Das Grundieren und Trocknen der Larven und Puppenköpfe, wie auch das Schleifen derselben.

Damit die Grundierfarbe, welche stark mit Leim versetzt ist, zum Grundieren hinlänglich flüssig bleibe, muß das Leimwasser, womit diese Farbe bereitet wird, hinlänglich warm sein, weshalb das Gefäß, in welchem sich die weiße oder fleischrote Farbe befindet, am besten über eine Kohlenpfanne mit glühenden Kohlen gestellt wird. Das Grundieren selbst kann man, wie schon oben bemerkt worden, entweder mit dem Pinsel oder auf folgende Weise bewerkstelligt werden:

Man legt die Larven mit dem hohlen Teile, so daß das Antlitz nach oben gekehrt ist, auf den ausgestreckten Zeigefinger der linken Hand, schöpft, nach vorherigem Umrühren, aus der erwärmten Farbe mit einem löffelartigen Schöpfgefäß und übergießt damit die Larve. Diese legt man dann zum Abtrocknen, mit dem Antlitz nach oben gekehrt, auf einen mit einem Drahtnetz überspannten Rahmen, unter welchen ein zweites Gefäß zur Aufnahme der abtropfenden Farbe gestellt ist. Ebenso werden auch die fleischfarbenen Larven grundiert. Das Grundieren der Puppenköpfe dagegen nimmt zwei Operationen in Anspruch. Zuerst pflegt man sie nämlich mit weißer Kreidefarbe, welche jedoch nicht so rein zu sein braucht und wozu man gewöhnlich abgetropfte, wieder erwärmte Farbe gebraucht, inwendig auszugießen, die Farbe in denselben überall herumzuschwenken, und sie dann ebenso, wie die Larven, zum Abtrocknen auf den mit Drahtgitter überspannten Rahmen zu stellen. Nachdem die innere Grundierung getrocknet ist, steckt man die Puppenköpfe einzeln auf den Zeigefinger der linken Hand und begießt sie, auf die weiter oben angegebene Weise, auf der Vorder- und Rückseite mit weißer oder fleischfarbener Leimfarbe, worauf sie wiederum zum Abtropfen und Trocknen auf drahtene Rahmgitter gestellt werden.

Bemerkt sei, daß das Grundieren der Außenseiten der Larven und Puppenköpfe mittels des Pinsels vor dem des Uebergießens den Vorzug verdient; weil dasselbe, da es doch möglichst mager gehalten werden muß, damit die Züge nichts, oder nur äußerst wenig, an ihrer Schärfe einbüßen, sich nach dem ersten Verfahren in entsprechenderer Weise, als nach dem zweiten, ausführen läßt.

Sobald die grundierten Larven und Puppenköpfe den gehörigen Grad von Trocknung erlangt haben, werden sie dann geschliffen oder abgezogen, d. h. die äußeren Flächen derselben werden mit einem kleinen Stückchen feinen Glas- oder Sandpapiers, oder angefeuchteten Schachtelhalms, abgerieben. Je sorgfältiger bei diesem Schleifen zu Werke gegangen, und je vollkommener es ausgeführt wird, desto schöner nimmt sich einst die aufgetragene Lackierung aus. Hauptsächlich muß man bei der in Rede stehenden Manipulation durch ein gleichmäßiges Behandeln der Flächen zu vermeiden suchen, daß nicht einzelne Stellen der Grundierung durchgeschliffen werden; denn wenn sich auch solche Stellen durch neues Auftragen der Grundfarbe und, nach Trocknung derselben, durch frisches Schleifen wieder ausbessern lassen, so geschieht es doch nur selten, daß sie im Farbenton, im Vergleich zu dem der umgebenden Fläche, so übereinstimmend ausfallen, daß nicht ein kleiner Unterschied wahrzunehmen wäre. Sollte sich in bezeichneter Hinsicht eine Inkonsequenz herausstellen, so bleibt nichts übrig, als den betreffenden Gegenstand nochmals möglichst mager zu grundieren, und nachgehends aufs neue zu schleifen.

Ist die Grundierung so geschliffen, daß nichts Rauhes mehr weder zu sehen noch zu fühlen ist, so säubert man die Fläche mittels eines feuchten Schwammes von allem Abgeschliffenen und trocknet sie mie einem leinenen weichen Tuche ab.

# Achtes Kapitel.

## Vom Einsetzen der Glasaugen, vom Malen der Augen, Lippen und Haare.

---

Sollen die Puppenköpfe Glasaugen bekommen, so müssen dieselben vor der Zusammensetzung der Köpfe, von der innern Seite der Larve aus, eingesetzt werden. Man schlägt deshalb an der Stelle der Augen mit einer Art Lacheisen in die Larven Löcher und zwar nach Proportion des Kopfes und der Größe der Glasaugen, die dann in letztere eingesetzt und mit Papiermaché-Masse befestigt werden. Sollen dagegen die Augen bloß gemalt werden, so wählt man dazu einen Pinsel mit kurz geschnittenen Haaren von passender Größe und malt bei weißgrundierten Larven und Puppenköpfen den Augenstern blau. Zu diesem Behufe reibt man Berlinerblau mit Branntwein und setzt dann so viel von der weiter oben erwähnten weißen Leimfarbe zu, daß man ein perlfarbenes Blau erhält. Mit dieser Farbe setzt man flache runde Tropfen von gleicher Größe an der Stelle der Augensterne auf und beginnt alsdann, nachdem die vorhandenen Larven und Puppenköpfe mit blauen Augensternen versehen sind, das Malen der Augenwimpern und Augenbrauen. Hierzu verwendet man im Leimwasser fein abgeriebene Umbra, welche man mit einem sehr spitzen Pinsel aufträgt. Es gehört schon Uebung dazu, um die oberen Augenlider und die Augenbrauen mit einem Pinselzuge in der gehörigen Wölbung schnell hervorzubringen.

Bei fleischfarbenen Köpfen wird vorher die Stelle des Augapfels, auf welchen die blauen Augensterne gemalt werden sollen, mit der weißen Grundierfarbe über=

strichen und dann nach dem Trocknen dieses Ueberstriches das Malen der Augensterne, Augenlider und Augenbrauen, wie oben bereits beschrieben worden, verrichtet. Zuletzt setzt man mit einem ebenfalls kurz geschnittenen, feinen Haarpinsel und der vorerwähnten Umbrafarbe genau in die Mitte der blauen Augensterne runde Punkte, welche genau den dritten Teil des Augensternes ausfüllen.

Mit derselben Umbrafarbe, jedoch von etwas dickerer Konsistenz, streicht man die Haarpartien der Puppenköpfe an.

Das Malen der Lippen wird mit in Branntwein fein abgeriebenem und mit Leimwasser versetztem Zinnober mittels eines feinen Haarpinsels verrichtet.

## Neuntes Kapitel.
### Von der Bereitung der zum Ueberfirnissen von Larven und Puppenköpfen dienenden Lackfirnisse.

Nachdem die Larven und Puppenköpfe so weit vollendet sind, werden sie mit einem der hier nachfolgend angegebenen Lackfirnisse mager überstrichen:

Erste Vorschrift: — Man nehme:

  240 Gramm Sandarach,
    60 „ gesichteten Mastix,
    60 „ klaren Terpentin,
  120 „ zerstoßenes Glas und
  960 „ reinen Alkohol.

Der Sandarach und der Mastix werden zu feinem Pulver gestoßen, mit dem Glase gemengt, in einen Kolben gethan und der Alkohol hinzugeschüttet. Ist die Auflösung geschehen, welche in einem Sand- oder Wasserbade bewirkt wird, so wird auch der Terpentin, den man vorher zerlassen hat, hinzugeschüttet. Hat sich alles gehörig vereinigt, so wird der Kolben von der Wärme weggenommen, und wenn die Flüssigkeit kalt geworden ist, wird sie durch Leinwand behutsam in eine reine Flasche geseihet.

Zweite Vorschrift: — Man nehme:

180 Gramm Sandarach,
120 „ Elemiharz,
30 „ Animeharz,
15 „ Kampfer,
120 „ zerstoßenes Glas und
960 „ reinen Alkohol.

Der Sandarach wird gepulvert, mit dem Glase und Kampfer gemengt, dann mit dem Alkohol übergossen und in ein Sand- oder Wasserbad gestellt. Hierauf läßt man das Elemi- und Animeharz in einem irdenen Topfe zergehen und gießt solches, wenn der Sandarach bereits aufgelöst ist, in den Kolben, wo man es noch einige Zeit digerieren läßt, bis alles gehörig aufgelöst ist.

Dritte Vorschrift: — Man nehme:

von dem besten Gummilack . $66^2/_3$ Gramm,
ausgelaugten Sandarach . . $33^1/_3$ „
von den reinsten Mastixkörnern . $33^1/_3$ „
Animeharz . . . . . . $33^1/_3$ „
weißen Weihrauch . . . . $66^2/_3$ „

pulverisiere alles miteinander recht fein, bringe es mit $133^1/_3$ Gramm gestoßenem Glase in einen Kolben, gieße 800 Gramm vom besten Weingeiste darauf und lasse die Mischung im Wasserbade auflösen.

Wie jeder Lackfirnis wird auch dieser durch feine, dichte Leinwand in reine, trockene, gläserne Flaschen filtriert.

**Vierte Vorschrift:** — Man nehme: 100 Gramm reinen in Lauge gekochten Sandarach und ebensoviel weiß gesottenen Terpentin, thue letztern in einen neuen, wohl glasurten irdenen Topf, lasse ihn bei gelinder Wärme zerlaufen, bringe nach und nach den fein gepulverten Sandarach hinzu, rühre die Masse mit einem hölzernen Spatel fleißig um, und zwar so lange, bis sich beides völlig aufgelöst und vereinigt hat, und gieße dann die flüssige Masse in eine mit kaltem Wasser angefüllte Schüssel. Diese Masse, welche sogleich erhärten wird, schlägt man in kleine Stücken, trocknet sie auf das beste und wenn dies geschehen ist, werden diese Stückchen aufs feinste pulverisiert und in $533^{1}/_{3}$ Gramm alkoholisiertem Weingeiste, mittels des Wasserbades, aufgelöst.

Noch weißer und auch trockenbarer wird dieser Lackfirnis, wenn man 100 Gramm auserlesenen und mit Lauge gereinigten Sandarach in 400 Gramm Alkohol bei mäßiger Wärme auflöst, dann nur 50 Gramm weißgesottenen Terpentin hinzubringt und beides einige Zeit digerieren läßt.

**Fünfte Vorschrift:** — Man nehme:

   50 Gramm gereinigten Sandarach,
$33^{1}/_{3}$    „    Mastix in Körnern,
   50    „    cyprischen Terpentin,
400    „    Alkohol und
   10 Tropfen Behenöl.

Man reibt den Sandarach und Mastix trocken auf einem harten Reibsteine oder in einem Serpentinmörser gut ab, vermischt das Pulver mit $66^{2}/_{3}$ Gramm gewaschenem und zerstoßenem Glase, thut das Gemenge in ein reines Glas, gießt den Alkohol und das Behenöl darauf, schüttelt es wohl durcheinander, verbindet die Flasche mit nasser Blase, in welche man einige Löcher zum Verhüten des Zerspringens der Flasche mit einer starken Nadel sticht und bewirkt die Auflösung in einem Sand- oder Wasserbade. In Ermangelung eines solchen Bades schüttet man etwas Sand auf eine heiße Ofenplatte und stellt die Flasche darauf. Haben sich die Harze aufgelöst, welches schneller geschieht, wenn sie von Zeit zu Zeit umgeschüttelt werden, so setzt man den Terpentin hinzu, und wenn sich dieser mit der Masse vereinigt hat, wird solche in ein reines Glas durch feine Leinwand geseihet.

Sechste Vorschrift: — Man nehme:

16 $^2/_3$ Gramm weißen Ambra,
83 $^1/_3$ „ rektifizierten Weingeist und
$^1/_2$ „ Kampfer.

Thue den Ambra und den Kampfer in ein Glas, welches gegen 200 Gramm Flüssigkeit fassen kann, gieße den Weingeist auf, verbinde die Oeffnung mit Blase, welche man mit einer Nadel durchsticht und setze das Gemenge 14 Tage lang in die Sonne, oder auf einen mäßig warmen Ofen. Nachher gieße man den fertigen Lackfirnis durch ein leinenes Tuch und hebe ihn zum Gebrauche in einer zugestopften Fasche wohl auf.

Siebente Vorschrift: — Man nehme:

180 Gramm weißen Weihrauch,
60 „ Animeharz,
60 „ Elemiharz,
120 „ zerstoßenes Glas und
960 „ reinen Alkohol.

Der Weihrauch wird gepulvert, mit Glas gemengt, dann mit dem Alkohol übergossen und in ein Sand- oder Wasserbad gestellt. Hierauf läßt man das Anime- und Elemiharz in einem irdenen Topfe zergehen und gießt solches, wenn der Weihrauch und das Glas sich ziemlich aufgelöst haben, in den Kolben, wo man die Mischung noch einige Zeit digerieren läßt, damit eine desto vollständigere Auflösung und Vereinigung der Ingredienzen erfolge.

**Achte Vorschrift:** — Man nehme:

| | | |
|---|---|---|
| 83⅓ | Gramm | gereinigten Sandarach, |
| 25 | „ | venezianischen Terpentin, |
| 4⅙ | „ | Kanarienzucker, |
| 4⅙ | „ | Kampfer, |
| 25 | „ | Terpentinöl und |
| 400 | „ | alkoholisierten Weingeist. |

Zuerst wird der Sandarach fein gestoßen und in den absoluten Alkohol, welchen man in eine geräumige gläserne Flasche füllt, geschüttelt und ungefähr 5 Minuten durcheinander gerüttelt. Alsdann kommt der venezianische Terpentin hinzu, und die Umschüttelung wird ebenso lange fortgesetzt. Hierauf mischt man das Terpentinöl bei und bewegt die Masse ebenfalls 5 Minuten. Zuletzt wird der Zucker und dann der Kampfer, welchen man gegen das Zusammenballen mit ein paar Tropfen Weingeist befeuchtet, in Pulverform hinzugethan und das Ganze noch 10 Minuten lang stark umgeschüttelt, wo sich alles ganz aufgelöst haben wird.

Dieser Lackfirnis ist, wenn man ihn einige Tage ruhig stehen läßt und dann erst durch zarte Leinwand in ein reines und trockenes Glas gießt, von vorzüglicher Güte und Beschaffenheit, bekommt nicht allein einen Glanz wie ein Spiegelglas, sondern auch niemals Risse oder Sprünge.

**Neunte Vorschrift:** — Man nehme:

| | | |
|---|---|---|
| 41⅔ | Gramm | Sandarach, |
| 16⅔ | „ | Mastix und |
| 8⅓ | „ | Kampfer, |

stoße alles, mit Zuthat von etwas Alkohol, zu einem feinen Pulver und thue dasselbe in ein Glas, was mit einem langen Halse versehen ist. Ueber dieses Pulver gieße man ¾ Liter rektifizierten Weingeist und stelle es in eine mäßige Wärme. Während dieser Zeit schüttele man es öfters um und lasse es dann zum Abklären ruhig stehen.

## Zehntes Kapitel.

**Von dem Malen oder Schminken der Wangen bei den Larven und Puppenköpfen.**

Während die Larven und Puppenköpfe von dem im vorigen Kapitel erwähnten mageren Ueberzug mit Lackfirnis noch nicht ganz trocken sind, sondern sich noch ein wenig klebrig anfühlen, wird das Schminken der Wangen auf folgende Weise ausgeführt:

Einen trockenen Fischpinsel taucht man ein wenig in feinen Karmin oder in die feinste Sorte von gepulvertem Florentinerlack und bereibt damit die Stellen der Wangen und zwar dergestalt, daß sie in der Mitte am rötesten erscheinen, während die Röte nach dem Umfang hin immer mehr verläuft. Dieses erreicht man durch einen besonderen Kunstgriff, und zwar durch folgenden: Man macht, indem man den mit ein wenig Farbe versehenen Pinsel auf die Mitte der Wange aufsetzt, auf diese einen kleinen roten Fleck; legt hierauf diesen Pinsel beiseite, nimmt an seiner statt einen andern, trockenen, nicht mit Farbe versehenen, und indem man ihn erst über und dann um jenen Fleck kreisförmig, sanft reibend, bewegt, sucht man denselben sich allmählich verlaufen zu machen. Einige Ueburg in dieser Art von Verwischung verhilft bald zu der nötigen Fertigkeit: jedem Gesichte, sei es an einer Larve oder einem Puppenkopfe, die ihm zukommende Wangenfärbung kunstgerecht zu erteilen.

Da die Stellen, an welchen sich die Wangenfärbung befindet, nach der Trocknung sich etwas matt, d. h. weniger glänzend als die übrigen Teile des Gesichts, darzustellen pflegen, so macht es sich nötig, dieselben nachträglich zu lackieren. Diese Lackierung muß aber, damit sie sich gut ausnehme, etwas mager gehalten, und ganz nach dem beim Färben der Wangen beschriebenen Verfahren ausgeführt werden. Man macht nämlich, indem man den mit ein wenig Lack versehenen Pinsel auf die Mitte der Wange aufsetzt, auf diese einen kleinen Fleck; legt hierauf diesen Pinsel beiseite, nimmt an seiner statt einen anderen, trockenen, nicht mit Lack versehenen, und indem man ihn erst über und dann um jenen Fleck kreisförmig, sanft, reibend, bewegt, sucht man denselben nach dem Umfange hin immer mehr zu vertreiben oder verlaufen zu machen. So behandelt, werden die Wangen in der Lackierung ebenso schön, als in der Färbung ausfallen.

## Elftes Kapitel.

Von der anderweiten Benutzung des oben (im 2. und 3. Kapitel) angegebenen Papiermaché, wie namentlich zur Verfertigung von Büsten, Haubenköpfen, Statuetten, Tierfiguren, Obst- und anderen Früchten, Galanteriewaren, allerlei Kinderspielzeug u. s. w.

Außer zu Larven und Puppenköpfen eignet sich das oben (im 2. und 3. Kapitel) angegebene Papiermaché auch noch zur Verfertigung einer großen Menge anderer Artikel, wie namentlich zu den vorhin genannten; doch ist zu den meisten derselben ein weit höherer Grad von Fertigkeit im Modellieren und eine viel größere Gewandtheit im Abdrucken oder Abformen der Modelle als zu jenen notwendig, zumal hier zu den Modellen nicht immer bloß zwei Formhälften genügen, sondern mehrere Formstücke erforderlich sind. Im übrigen jedoch ist das Verfahren so, wie es bei der Verfertigung der Larven und Puppenköpfe beschrieben wurde. Das Papiermaché wird nämlich auf einem Tische oder Brette mit einem Kuchenwelger ausgerollt, jedoch für größere Figuren weniger dünn als für kleinere und nachgehends in Stücke geschnitten, die man in die einzelnen Teile der Form eindrückt, nach diesem wieder herausnimmt und trocknet. Dann werden die einzelnen Stücke, wenn es sich behufs besserem Anschließens aneinander nötig machen sollte, behutsam beschnitten, nachher mit derselben Masse und Leimwasser zusammengefügt, die Unebenheiten nach dem Trocknen mit Messer, Feile, Glas- oder Sandpapier verputzt und schließlich die Ware grundiert, geschliffen, bemalt, mit farbigen Lacken behandelt und poliert.

Auf das Bemalen muß besonders viel Sorgfalt verwendet werden; denn die bestgeformte Figur verliert sehr an ihren guten Aussehen, wenn in dieser Ausstattungsweise nachlässig zu Werke gegangen wird. Man thut daher wohl, wenn man mit letzterer nur kunstgeübte Arbeiter betraut.

Bemerkt sei aber, daß man Tierfiguren in der Regel nicht zu bemalen pflegt, sondern sie mit Scherwolle in den erforderlichen Abstufungen bestreut. Mit dem Namen „Scherwolle" bezeichnet man nämlich den beim Scheren der Wolltücher immerfort abfallenden Staub; jedoch sind diese Scherhaare nicht ohne weiteres für den in Rede stehenden Behuf verwendbar, sondern müssen vorher durch Bleichen, Färben, Zermahlen, Sieben und dergl. zu dem nötigen Grade von Feinheit, Egalität und Farbenschönheit präpariert werden. Nachdem die Figuren mit feinem Glas- oder Sandpapier abgeschliffen worden sind, werden sie mit Leinölfirnis angestrichen. Ist dieser halb trocken, so werden sie mit feiner Scherwolle von der Farbe, wie man sie eben nötig hat, überstreut, und nachdem diese Scherwolle aufgetrocknet ist wird mit dem Pinsel das gehörige Licht und der erforderliche Schatten gegeben. Auf diese

Art lassen sich Tierfiguren aus Papiermaché von vorzüglicher Schönheit und ganz der Natur getreu darstellen.

Auch manchen aus Papiermaché nachgebildeten Früchten, wie z. B. Pfirsichen und Aprikosen, kann man mittels solcher Scherwolle ein den natürlichen Früchten täuschend ähnliches Aussehen verleihen.

Dagegen gewinnen wieder andere Früchte, wie z. B. Birnen, Pflaumen, Kirschen u. s. w., dadurch an Natürlichkeit, daß man sie, so lange das Papiermaché noch weich ist, mit Stielen der betreffenden natürlichen Früchte versieht.

Bei Tierfiguren endlich erzielt man durch Einsetzen von Glasaugen, wozu bisweilen schwarze Perlen verwendbar sind, einen guten Effekt.

## Zwölftes Kapitel.

**Von einem andern Papiermaché, welches sich ebenso wie das vorige zu vielerlei Gegenständen benutzen läßt.**

Dieses Papiermaché wurde vor einer Reihe von Jahren von dem Meerschaum-Pfeifenkopf-Fabrikanten Franz Dörnig in Wien ersonnen und praktisch in Anwendung gebracht, welcher sich auf diese seine Komposition von der dortigen k. k. Regierung ein mehrjähriges Privilegium für das Kaisertum Oesterreich erteilen ließ. Ob nach Erlöschen dieses Privilegiums von Andern viel Gebrauch von der Dörnigschen Komposition gemacht worden sei, ist uns unbekannt; wir möchten es aber fast bezweifeln, weil dieselbe als einen ihrer Hauptbestandteile Meerschaum-Abfälle vorschreibt, die früher so wenig leicht und so wenig billig zu beschaffen waren, als sie es noch jetzt sind: denn in Deutschland existieren nur an wenigen Orten (in Wien

Ruhla und Lemgo) Fabriken, welche sich mit Verfertigung von Meerschaum-Pfeifenköpfen befassen, und diese Fabriken wieder finden es ihrem Vorteile angemessen, wenn sie die Meerschaum-Abfälle nicht weggeben, sondern dieselben unter Zusatz von etwas weißem Pfeifenthon nochmals fein mahlen, das Mehl mit Wasser schlämmen, den erhaltenen Brei in Riegel oder kleine Blöcke ausgießen, und aus diesen, wenn sie halb erhärtet sind, die unechten Meerschaum- oder sogenannten Masseköpfe schneiden. Dagegen hat aber die Dörnigsche Komposition neuerdings eine öftere Benutzung als Papiermaché dadurch gefunden, daß man derselben statt der schwierig und teuer zu beschaffenden Meerschaum-Abfälle eine gleiche Quantität fein gemahlenen Specksteins oder auch zart gepulverter Talkerde hinzufügte, im übrigen aber das von Dörnig angegebene Verfahren beibehielt.

Hiernach nimmt man zur Bereitung der in Rede stehenden Komposition 2 Kilogramm Papierspäne, läßt sie einige Tage lang in Wasser aufweichen und nach diesem in demselben Wasser auch noch 3 Stunden kochen. Alsdann schöpft man die Masse in mehrere Töpfe und sucht sie in diesen durch tüchtiges Durcheinanderarbeiten mit einem Quirl in einen möglichst gleichförmigen dünnen Brei zu verwandeln. Sobald man hiermit fertig ist, gießt man den Brei aus den Töpfen in eine Gölte oder Mulde, fügt ihm $1\frac{1}{2}$ Kilogramm fein gepulverte Talkerde (oder auch ebenso vorbereiteten Speckstein), $1\frac{1}{2}$ Kilogramm Roggenmehl, $\frac{1}{2}$ Kilogramm fein gestoßenen ungelöschten Kalk und 7 Liter nicht zu schwaches Stärkewasser in noch heißem Zustande hinzu, mengt alles recht innig durcheinander und überläßt dann das Gemisch 24 bis 36 Stunden lang der Ruhe. Nach diesem gießt man das überstehende Wasser ab und überläßt das Gemisch, um es konsistenter und knetbarer zu machen, wiederum einer 24 bis 36 stündigen Ruhe. Sobald dasselbe in einen dichteren Zustand übergeführt ist, drückt man es in Formen und bearbeitet die abgeformten Gegenstände, nachdem sie vollkommen trocken geworden sind, mit Messer,

Feile, Glas- oder Sandpapier und nach Umständen auch wohl auf der Drehbank. Der größeren Haltbarkeit wegen werden sie nachgehends in siedendes Oel getaucht, dann nach der Abtrocknung mit Hutfilz und zartem Bimssteinmehl geschliffen, bemalt und hierauf gefirnißt.

## Dreizehntes Kapitel.

Von einem Papiermaché, welches sich vorzugsweise zur Verfertigung von allerlei Gefäßen, wie auch zu der von Tabaksdosen und andern Artikeln eignet.

Wie das „Gewerbeblatt aus Württemberg" vor einiger Zeit mitteilte, sind von der Firma „American Papier-Maché Manufacturing Company" in Euenpoint neuerdings in großer Menge Gefäße verschiedener Form und Größe aus Papiermaché, als Wassereimer, Waschbecken, Milchschüsseln, Blumenvasen, Fidibusbecher, Tabaksbüchsen und Tabaksdosen, Spucknäpfe u. dergl. in den Handel gebracht worden; sie zeigen gefällige Formen, sind leicht wie Holz, von geringer Wandstärke und haben das Aussehen lackierter Blechgefäße. Sie sind fast unzerbrechlich und gegen Flüssigkeiten ungemein widerstandsfähig; selbst kochendes Wasser alteriert sie in keiner Weise. Verschiedene seit längerer Zeit im täglichen Gebrauche befindliche Waschgefäße haben sich bis jetzt ganz gut gehalten. Der dick aufgetragene verschiedenfarbige Lack ist stark bleihaltig, die Substanz der Geschirre selbst dagegen enthält nur 6,5 Prozent Mineralbestandteile. Wasserglas, welches man darin vermuten könnte, ließ sich nicht nachweisen. Dagegen wurde durch Natronlauge, ebenso auch durch Alkohol, eine organische Substanz ausgezogen, welche sich durch ihren Geruch wie durch ihre Löslichkeit in kohlensauren Alkalien und ihr sonstiges Verhalten als Harz erwies. Daß die Gefäße, welche selbst in kochendem Wasser nicht weich werden, ihre Festigkeit merklich einbüßen, wenn sie mit Alkohol oder Lauge, den Lösungsmitteln des Harzes, behandelt werden, spricht dafür, daß die Papiermasse durch Tränken mit Harzlösung diese große Widerstandsfähigkeit erhalten hat.

Nach dem Verfahren oben genannter Fabrik, das bei dem jetzigen Stande der Wissenschaften nicht lange unermittelt bleiben konnte, werden dergleichen Gefäße aus Papiermaché gegenwärtig aber auch in mehreren Fabriken Englands, Frankreichs und Deutschlands gefertigt. Als Zeug hierzu können nur die besten Faserstoffe, Hadern aus Hanf und Leinen dienen. Vorzugsweise benutzt man dazu, wenn es zu haben ist, altes Schiffstauwerk. Die Engländer und Franzosen sollen, wie die Amerikaner, nur dieses verarbeiten und will man daraus die besondere Güte ihrer Ware aus Papiermaché erklären, die in Deutschland nicht oder nur in seltenen Fällen erreicht zu werden scheint. Dagegen pflegt man in Deutschland den aus Hanf und Leinen bestehenden Hadern für besagte Verwendung noch 20 Prozent Leder, vornehmlich Abfälle von Reh-, Schaf- und Ziegenfellen, hinzuzufügen, wodurch die Waren ebenfalls sehr an Härte und Dauerhaftigkeit gewinnen sollen.

Um dann das aus den vorhin genannten Substanzen bereitete Papiermaché zu befähigen, daß die aus demselben verfertigten Gefäße gegen Wasser undurchdringlich werden, imprägniert man es mit der Lösung einer Masse, deren Bereitung wie folgt geschieht:

Man nimmt 25 Kilogramm kohlensaures Natron (Soda), $67\frac{1}{2}$ Kilogramm Harz, $7\frac{1}{2}$ Gramm Gummigutt und 25 Kilogramm oder überhaupt die erforderliche Menge gebrannten Kalk. Der Kalk wird mit Wasser zu Kalkmilch gelöscht und das Natron in Wasser aufgelöst. Der in einem Kessel befindlichen und erhitzten Lösung des Natrons wird dann soviel von der Kalkmilch zugesetzt, daß sie kaustisch wird. Das Harz und das Gummigutt werden in einen eisernen Kessel bei gelindem Feuer zusammengeschmolzen, worauf man diese geschmolzene Harzmasse nach und nach in die kaustische Natronlösung fließen läßt, bis sie von derselben nicht mehr gelöst wird. Indem man die Lösung sodann erkalten läßt, erstarrt sie zu einer festen Masse, die zum Gebrauche aufbewahrt wird.

Zum Wasserdichtmachen des Papiermachés löst man von dieser Masse 2½ Kilogramm in 15 Liter kochenden Wassers. Anderseits macht man dann auch eine Lösung von 2½ Kilogramm Alaun in 15 Liter Wasser. Hierauf imprägniert man das Papiermaché vorerst mit der Lösung des Harz-Natrons, und nachgehends mit der Alaunlösung. Sobald das Papiermaché von seiner Befeuchtung so weit abgetrocknet ist, daß es nur noch einen zähen Teig bildet, ist es zur Verarbeitung genügend vorbereitet.

Die Verfertigung der Gefäße aus Papiermaché geschieht übrigens mittels eigens dazu konstruierter Maschinen, und von diesen gilt wieder diejenige, welche Richard Smith zu Shelbrooke in Kanada sich vor einigen Jahren für England patentieren ließ, noch jetzt für die beste. Sie besteht (nach einer im "Practical Mechanics Journal" befindlichen Mitteilung) darin, Gefäße oder andere hohle Artikel direkt aus Papiermasse in Formen anzufertigen, in welchen sie der Wirkung kombinierter Stempel unterliegen, die nacheinander in Wirksamkeit kommen, so daß sich der Brei erst an den Seiten eines innern Kolbens anlegt und erhebt, worauf ihn ein äußerer Cylinderkolben komprimiert; das vollendete Gefäß wird durch den Boden der Form herausgestoßen. Es werden zwei unter den Stempeln hin und her gehende Formen angewendet, deren eine gefüllt wird, während die andere in Thätigkeit ist und umgekehrt.

Die bezügliche Abbildung in **Fig.** 5 zeigt einen Vertikaldurchschnitt der zu diesem Zwecke angewendeten Maschine.

A ist das Bett oder der Rahmen der Maschine, BB sind Ständer, welche den Oberteil der Maschine mit dem Triebwerk tragen, C ist eine Handkurbel, welche die Umdrehungskraft irgend welcher Art für die Wellen des Triebwerks vorstellt, D ist ein Kegelrad an der Welle b, deren Ende a zum Aufstecken der Kurbel vierseitig geformt ist. Das Rad D greift in das konische Rad E, dessen Nabe ein Schraubengewinde enthält, welches als Mutter zur Hebung und Senkung des Cylinders F benutzt wird, der durch das Rad E hindurch geht und an seinem oberen Ende mit entsprechendem Gewinde versehen ist. Durch das Niedergehen des Cylinders F wird Druck auf den oberen Rand des Gefäßes gegeben. Das Rad E hat eine Nut an seinem Umkreise, in welche eine ringförmige Platte R eingreift, die durch Schrauben s an den Rahmen befestigt wird. Diese Platte hält das Rad E an seiner Stelle, während sie ihm zu gleicher Zeit freie Drehung gestattet. H H' sind die Formen; sie sind miteinander verbunden und an eine gemeinsame Bodenplatte befestigt, welche in Führungen w gleitet und unter dem Cylinder F hin und her geht. Die innere Seite der Formen hat vertikale Furchen, welche mit einem festen Ueberzug von Drahtgaze bedeckt sind. Die Böden der Formen sind in gleicher Weise gearbeitet; ihre Furchen hängen mit den untern Enden der Seitenfurchen zusammen, so daß diese ihr Wasser nach den ersteren abführen. Diese Böden sind bei h an Knaggen der Bodenplatte angelenkt, und öffnen sich nach unten; durch Klinken I I', welche an den Enden dieser Platten eingelenkt sind, werden sie an ihrer Stelle erhalten, während das Gefäß gepreßt wird. J ist der Plunger, welcher im Innern des Cylinders F arbeitet. Es ist dies ein Hohlcylinder, oben offen, und unten mittels einer durchbohrten Platte verschlossen, welche auf ihrer Unterseite konzentrische Furchen hat, und mit Drahtgaze bedeckt ist. Derselbe paßt in die Höhlung des Cylinders F und dient als Form für die Innenseite des Gefäßes. In diesem Plunger befindet sich noch ein Kolben, der mit einem Gummiringe r gedichtet ist, welcher nur lose schließt, so daß er Luft durchgehen läßt. Dieser Kolben ist am Unterteile der Kolbenstange K befestigt. Durch ihn geht ein Luftweg c, in welchem ein Ventil v sitzt, das durch sein Gewicht und den Atmosphärendruck den Kanal c offen hält und Luft unter den Kolben läßt. Dieses Ventil schließt sich, wenn der Kolben mit dem Boden des Plungers in Berührung tritt, indem es hierbei gegen seinen Sitz gepreßt wird. Ein Halsring d ist mittels einer Schraube e am oberen Teile des Plungers J auf der Innenseite befestigt, um zu verhindern, daß der Kolben herausgezogen werde, wenn die Kolbenstange nach oben geht, und die Hebung des Plungers J mit dem Kolben zu sichern, sobald die Stange K so weit emporgehoben wird, daß die Oberseite des Kolbens mit der unteren Fläche des Halsringes in Berührung kommt. Die Stange K ist am Unterteile glatt, aber oben mit Gewinde versehen. An der Seite hat sie eine vertikale Nut, in welche das Ende eines Schraubstiftes j eintritt, so daß sich die Stange nicht mit der Mutter drehen kann. Das Gewinde der Stange K ist mit einem entsprechenden Muttergewinde bei N im Eingriffe, geht aber frei durch die Bohrung des Rades M. Dieses greift in das Getriebe L, dessen Welle g mit einem vierseitigen Zapfen f versehen ist, welcher zum Aufstecken der Triebkurbel C dient. Mit der oberen Fläche des Rades M sind zwei Federklinken P P' durch Gelenke verbunden; diese werden durch Spiralfedern zusammengezogen, lassen sich aber auseinander schieben und, wenn getrennt, durch die Stützen Q Q' offen halten. Durch die schiefen Flächen der Mutter N werden sie auseinander gedrängt; sie ergreifen hierbei diese Mutter und halten sie fest gegen die Oberfläche des Rades M, indem die Zapfen i i an der unteren Fläche der Mutter in Löchern an der Oberseite des Rades M eintreten, so daß sich Mutter und Rad zusammen drehen müssen.

Die auf vorbeschriebene Art hergestellten Gefäße werden nachgehends an freier Luft oder in geheizten Zimmern auf Drahtgittern getrocknet. Da sie in der Regel sehr glatt aus der Presse hervorgehen, so bedürfen sie in dieser Hinsicht nur selten einer Nachhilfe. Sollte sich eine solche aber doch als nötig erweisen, so genügt meistens schon ein sanftes Abschleifen mittels eines Stückchens Wildleder und seinem Bimssteinmehl. Zuletzt werden die Gefäße zu wiederholtenmalen, jedoch erst nach jedesmaliger völliger Abtrocknung, mit dem im 19. Kapitel, sub 13, beschriebenen Firnis, der selbst kochendem Wasser widersteht, überstrichen, wodurch ihre Widerstandsfähigkeit gegen Wasser noch vergrößert wird.

Auf ähnliche Art wie die oben erwähnten Gefäße werden auch die Kästen und Deckel zu Tabaksdosen gepreßt, dann aber nach etwas anderem Verfahren wie zu jenen fertig gemacht. Wenn nämlich die Kästen und Deckel in der Presse vollendet und an der freien Luft oder in geheizten Zimmern auf Drahtgittern völlig trocken geworden sind, werden sie in erwärmtes Leinöl getaucht oder auch mit diesem überstrichen, und dann auf einem Drahtgitter bei starker Hitze gebacken. Hierdurch erhalten die Kästen und Deckel eine solche Härte, daß man sie fast nur mit der Feile und Raspel bearbeiten kann. Das Backen wird in einer blechernen Röhre vorgenommen, die in einem eigens zu diesem Zwecke erbauten Ofen so aufgestellt ist, daß die Hitze sich rings um die erstere gleichförmig verbreitet. Um das Schleifen und Glätten der Kästen und Deckel etwas zu erleichtern, bedient man sich einer Maschine in der Gestalt einer Drehbank. Mit Hilfe derselben werden alle Flächen der Kästen und Deckel durch eine flache scheibenartige Raspel von Stahl mit großer Schnelligkeit glatt gefeilt. Auf einer Scheibe von Weidenholz werden sie hierauf mit Bimssteinmehl und Wasser glatt geschliffen und dann auf einer mit Wollstoff überzogenen Scheibe mit Tripel glatt poliert. Sind sie so weit fertig, so werden sie inwendig und auswendig mehrmal mit Kopallack überzogen. Nach dem jedesmaligen Ueberstreichen kommen sie wieder in die erwärmte Röhre, wobei man die Hitze aber jedesmal abnehmen läßt. Zuletzt werden sie mit einem feinen linnenen Lappen und Puder abgerieben, wodurch sie eine schöne, harte, dauerhafte Politur erhalten, wie solche die rühmlichst bekannten altenburgischen und braunschweiger Fabrikate auszeichnet.

Die zu den Dosen nötigen Scharniere werden aus Tombak gefertigt, und erhalten die entsprechende Gestalt durch eigens zu diesem Behufe entsprechend geformte Zieheisen. Sie werden gewöhnlich zweimal vergoldet, dann mit Kopallack mehrmals überstrichen und auf einem Eisenblech bei starker Hitze abgeraucht. Hierdurch wird das Ansetzen von Grünspan vermieden.

Wie Gefäße und Dosen, so werden aus solchem Papiermaché neuerdings auch mit Hilfe von Stempeln und Matrizen oder Formen passende Ringe zur Anfertigung der bei Spinnereien viel gebrauchten Rollen oder Spulen gedrückt, und zwar mit oder ohne Rand, welche bei ihrem Hervorgange aus der Presse die Gestalt einer mit einem Boden versehenen Röhre haben. Nach einer Methode sind diese aus Papiermasse bestehenden Spulen, die sich gegen die aus Holz verfertigten durch größere Leichtigkeit auszeichnen und daher beliebter als diese sind, aus zwei solchen Hülsen konstruiert, welche ineinander gesteckt werden. Nach einer andern Methode werden über eine cylindrische randlose Röhre zwei gepreßte Hülsen gesteckt, welche genau auf den Cylinder passen und in der Mitte zusammenstoßen, so daß sie eine vollständige Spule von ebenso großer Stärke bilden, wie sie durch die erste Methode erlangt wird. Dieser zweite Typus ist insbesondere anwendbar für Spulen von großem Durchmesser, welche bedeutende Länge erfordern. Nach ihrer Verbindung werden die einzelnen Teile einer Spule mit Leim oder einem sonstigen Bindemittel befestigt. Wenn diese Befestigung gehörig erhärtet ist, werden die Spulen dann auf einer Drehbank mittels feinem Bimssteinmehl und einem Tuch- oder Leinwandlappen glatt geschliffen. Ein Ueberzug mit Lackfirnis wird ihnen in der Regel nicht gegeben.

## Vierzehntes Kapitel.

Von einem Papiermaché, welches zu sogenannten Preßspänen oder Glanzpappen, Wandbekleidungen, Schildern, Jalousien und Knöpfen verwendbar ist.

———

Mit dem Namen **Preßspäne** oder **Glanzpappen** bezeichnet man eine Art Pappen höheren Ranges, deren Erfindung von den Engländern herrührt, welche auf lange Zeit ein Geheimnis daraus gemacht und die Ausfuhr aufs strengste verboten hatten. Dennoch hat man durch den Schleichhandel dieses Fabrikat nach ganz Europa auszuführen gewußt, und endlich haben der Papiermacher Kanter in Trautenau (bei Königsberg in Preußen) und nach ihm viele andere das Geheimnis, solche Preßspäne in der nämlichen Güte wie die englischen zu verfertigen, entdeckt. Dieselben stellen sich als gelbbraune, braune oder auch wohl andersfarbige, sehr dichte und harte, elastische Tafeln mit glänzender Oberfläche dar, welche man zu Zwischenlagen beim Pressen von bedrucktem Papier und anderen Waren, denen man eine ausnehmende Glätte oder auch einen schönen in die Augen fallenden Glanz erteilen will, außerdem aber auch noch zu mancherlei andern Zwecken benutzt, auf welche letztere wir in diesem Kapitel weiterhin ausführlich werden zu sprechen kommen. Man verlangt von dieser Ware eine große Dauer und daß sie sich leicht von dem angehangenen Schmutz reinigen lasse. Gute Preßspäne erweisen sich in der That als fast unverwüstlich; sie werden vielmehr durch den Gebrauch in ihrer Qualität noch verbessert. Als Zeug dazu können, wie zu dem im vorigen Kapitel beschriebenen Papiermaché, nur die besten Faserstoffe, Hadern von Hanf und Leinen, verbrauchtes oder verwittertes Segeltuch, aufgelöste alte Stricke u. dergl benutzt werden;

doch pflegt man diesen Materialien sehr oft auch noch Abfälle von Leder, vornehmlich von Reh-, Schaf- und Ziegenfellen, wie auch Sägespäne von Hartholz und gebranntem Kalk beizumischen. Nachdem die Materialien im Holländer zu Ganzzeug verarbeitet, und dieses in den Bütten geleimt worden ist, ist der Gang der Arbeit ganz wie beim Papierschöpfen; die Form hat nur soviel Fassungsraum, als zu starkem Papier nötig sein würde, und der Unterschied ist nur der, daß nicht auf jede geschöpfte Schicht ein Filz gelegt wird, sondern daß solcher Schichten mehrere, je nach der beabsichtigten Stärke der Preßspäne 15 bis 30 unmittelbar aufeinander gestürzt werden, bevor wieder ein Zwischenfilz eingelegt wird. Bei dieser Schichtung wird übrigens für die inneren Lagen (aus der einen Bütte) gröbere Masse mit längeren Fasern, zu den Außenseiten aber (aus der andern Bütte) feinerer Stoff genommen. Sämtliche übereinander liegende Schichten von einem Filz zum andern werden dann durch starkes und immer stärkeres Pressen zu einer einzigen Tafel vereinigt, und diese schließlich nach erfolgter Trocknung, zwischen Glättwalzen satiniert.

Bemerkt sei bei dieser Gelegenheit, daß die zum Satinieren der Preßspäne dienenden Maschinen in England etwas anders konstruiert sind, als die bei uns in Deutschland gebräuchlichen. Dort ist nämlich für diese Operation die von **Wright** und **Clough** konstruierte Maschine ziemlich allgemein im Gebrauch; **Fig. 6** zeigt dieselbe zum Teil in der Seitenansicht und zum Teil im Durchschnitt, und nach einer im „London Journal" befindlichen Beschreibung ist sie wie folgt eingerichtet: Das Gestell A hat einen vorspringenden Arm B, an dessen unterer Fläche sich eine Zahnstange befindet, die zu beiden Seiten Ränder bis in die Höhe des Teilrisses hat. In diese Zahnstange greift ein verzahnter Sektor, dessen Verzahnung ebenfalls zwischen zwei Rändern eingeschlossen ist, die genau auf die Ränder der Zahnstange passen und bei der Bewegung des Sektors mit diesen stetig in Berührung bleiben. An der Drehachse des verzahnten Sektors sitzt die Satinierwalze D.

Durch Friktionsrollen E, welche auf fester Führung F laufen, wird der Sektor mit der Zahnstange beständig im Eingriff erhalten. Seine Bewegung erhält der Sektor C durch eine Kurbelstange G von einer an einem Arm des Schwungrades H befestigten Warze; das Schwungrad H sitzt auf der Triebwelle I, die vermittelst einer Riemenscheibe J umgetrieben wird. Der Tisch K, auf welchem die Satinierwalze D liegt, hat eine vollkommen ebene Oberfläche und ruht in einem Gestelle L, welches in vertikaler Richtung auf und nieder bewegt werden kann. Dieses Gestelle ruht auf vier Knaggen M, die gemeinschaftliche Drehachsen mit den Hebeln N haben; diese Drehachsen ruhen in Lagern O, die mit dem Gestelle L fest verbunden sind. An die Hebel N schließen sich Zugstangen P, die vermittelst des Fußtritts R vom Arbeiter in Thätigkeit gesetzt werden. Außerdem können noch die Lager O, in welchen die Knaggen M und die Hebel N ruhen, durch Stellschrauben S höher oder tiefer gestellt werden. — Wenn der Sektor C durch die Stange G hin und her bewegt wird, so muß er die Achse desselben geradlinig verschieben, weil er oben und unten durch Kreisbogen begrenzt ist, die sich an ebene Flächen anlegen, und die Satinierwalze D übt daher stets einen gleichen Druck auf die untergelegten Preßspäne aus. Sitzt auch die Walze D fest auf ihrer Achse, so ändert sich doch beständig die Linie, in welcher sie die Pappe berührt, und die letztere kann nicht so leicht heiß werden oder verbrennen.

Gewöhnlich werden diese Art Pappen, nachdem sie das erste Mal durch die Presse gegangen sind, mit einem schwachen Firnis aus ungebleichtem Schellack, welchem letztern bei der Lösung in Alkohol ein wenig Drachenblut (sanguis Draconis) hinzugefügt wurde, überstrichen, um ihnen das mehr oder weniger bräunliche Aussehen zu erteilen, in welchem sie im Handel vorzukommen pflegen. Zum Auftragen dieses Firnisses bedient man sich eines breiten Pinsels aus Kamel- oder auch aus Dachshaaren und streicht dabei in möglichst geraden Linien der (auf einem Tische aufgelegten) Pappe entlang. Nach vollendetem Firnisauftrage wird die Pappe zur Trocknung in ein Regal eingeschoben, welches mittels angebrachter Leisten so eingerichtet ist, daß keine Pappe die andere berühren kann. Wenn hierauf sämtliche Pappen auf der einen Seite überstrichen und die Anstriche völlig trocken geworden sind, werden sie auch auf der andern Seite in solcher Weise behandelt, und dann erst wird mit dem Satinieren fortgefahren.

Selbstverständlich können die Pappen aber auch mit einem andersfarbigen Lackanstriche versehen, mit solchem gesprenkelt oder marmoriert werden, je nach dem Zwecke, wozu man sie verwenden will.

Die aus nur 16 bis 18 Papierschichten zusammengekautschten Pappen nimmt man gewöhnlich zu **Zwischenlagen** beim Pressen von bedrucktem Papier, ingleichen auch zu dem von andern Waren, sehr oft auch zum **Bekleiden von Wänden in Zimmern**; die etwas stärkern Pappen zur Verfertigung von **Knöpfen**, die noch stärkeren zu der von **Schildern**, und die stärksten zu der von **Jalousien**.

In Schweden hat man mit dergleichen aus Papiermaché gefertigten Tafeln das Innere einer Dorfkirche austapeziert, deren Wandungen das Aussehen des schönsten Marmors haben sollen.

Die **Scheiben für Knöpfe** aus Papiermaché werden aus ebensolchen Pappen mittels eines Durchschnittes geschlagen und hierauf in einer Presse mit den Dessins versehen. Nachdem sie nochmals gefirnißt und im Ofen geröstet worden, werden sie auf einer Drehbank mittels der Polierscheibe poliert. Die Löcherknöpfe, sowie auch jene, wo Metalle, Steine, Glas oder Perlmutter eingelegt werden, pflegt man auf dieselbe Art zu verfertigen.

In England sieht man an vielen Häusern **Schilder** (kleiner Gattung) aus Papiermaché, die sich ganz gut ausnehmen und hinsichtlich der Dauer denen aus lackiertem Blech durchaus nicht nachstehen. Um ihnen jenes gute Aussehen zu verleihen, werden sie mehrmals lackiert, der Ueberzug dann fein geschliffen und poliert, und schließlich mit Goldschrift versehen.

Eine früher nicht gekannte Anwendung des Papiermachés ist die zu Jalousien, welche zuerst von S. Anspitzer in Wien in Anregung gebracht und praktisch verwertet wurde, und der dadurch einen nicht unerheblichen Fortschritt auf dem Gebiete des hier in Rede stehenden Industriezweiges bekundete. Ueber die Gebrauchsfähigkeit und die Nützlichkeit der von Anspitzer verfertigten Jalousien aus Papiermaché wurde zwar schon vor einiger Zeit im „Breslauer Gewerbeblatte" aufmerksam gemacht; da aber dieses Blatt nicht überall gelesen wird und jene interessante Erörterung daher vielen Lesern unseres Schriftchens unbekannt geblieben sein dürfte, so glauben wir nur einem ihrer Wünsche entgegen zu kommen, wenn wir ihnen selbige hier mitteilen. Jenes Blatt äußert sich nämlich über den fraglichen Gegenstand wie folgt:

„Wenn man bedenkt, daß der Pappdeckel sich bereits zu Eindeckung von Gebäuden vielfach bewährt hat, daß in jüngster Zeit mit Asphalt getränktes Papier zu Wasserleitungsröhren, stark gepreßte Pappe zu Wagenrädern dient und daß Papierwalzen verwendet werden, ja, daß sogar Behältnisse zur Aufbewahrung von Säuren aus Papiermaché erzeugt werden, ohne daß diese Stoffe ihre Emballage, selbst auch nicht nach Jahren schwächen oder anfressen, so wird man gewiß nicht zweifeln, daß auch Jalousien aus ähnlichem Stoffe sich nicht minder als praktisch und aller Orten verwendbar herausstellen können.

Durch geringes Gewicht und Volumen und durch besondere Elastizität eignen die Jalousien aus Pappe sich nicht nur zum Sonnenschützer für alle Wohngebäude, Magazine und Gewölbeauslagen, sondern auch vorzüglich für Waggons der Lokomotiv- und Pferdebahnen, sowie für Omnibusse, Equipagen und Fahrgelegenheiten aller Art. Sie schützen mehr gegen die belästigenden Strahlen der Sonne, werden weniger abgenutzt und sind dauerhafter und billiger als die bis jetzt üblichen Vorhänge, und gewähren dem Fahrenden den nicht zu unterschätzenden Vorteil, daß sie ihm die Aussicht nicht abschließen und daß man die Fenster öffnen und die Jalousien herablassen, also frische Luft einatmen und hinausschauen kann, ohne von Sturm und Regen belästigt zu werden.

Bereits sind einige Waggons der Kaiser Ferdinand-Nordbahn und der österreich. Nordwestbahn mit solchen Jalousien versehen, und haben sich dieselben als äußerst praktisch bewährt, so daß die Absicht vorliegt, sämtliche Waggons mit diesen Vorrichtungen zu versehen. Die Furcht, daß häufiges Naßwerden der Dauerhaftigkeit und Festigkeit dieser Jalousien Abbruch thun könnte, wird dadurch widerlegt, daß Jalousien, die seit mehreren Jahren dem Regen und allen sonstigen Witterungsveränderungen ausgesetzt waren, weder an Form noch an Elastizität verloren haben.

Schließlich ist noch einer als gewiß höchst praktisch zu empfehlenden Anwendung dieser Jalousien zu erwähnen. In vielen Büreaus und Aemtern finden wir den Raum, der das Publikum von den amtierenden Beamten trennt, durch Vorhänge geschieden, welche, wenn sie geschlossen sind, das gegenseitige Sichsehen und somit den Verkehr hindern, nnd, wenn sie offen sind, den Zweck des Geschiedenseins beinahe gänzlich aufheben. Durch die Pappe-Jalousien aber ist diesem Uebelstande leicht abzuhelfen, indem der Beamte die Kommenden und Draußenstehenden sieht, er aber von ihnen erst gesehen werden kann, wenn er zum Zwecke des in Verkehrtretens die Jalousien aufzieht. Da diese Jalousien auch, was Geschmack und Farbe anbelangt, den Wünschen entsprechend gearbeitet werden können, so verbinden sie das Nützliche mit dem Angenehmen und bezeichnen einen rühmlichen Fortschritt auf dem Gebiete der Anwendung von Papiermaché."

Die zur Verfertigung von Jalousien bestimmten Pappen werden mittels einer Schneidmaschine von solcher Einrichtung, wie man sie jetzt in ziemlich allen größern Buchbindereien antrifft, in Streifen von bestimmter Länge und Breite geschnitten, die dann entsprechend dem Mechanismus, der den Jalousien gegeben werden soll, weiter vorgerichtet und schließlich mehrmals lackiert werden.

## Fünfzehntes Kapitel.

Von einem Papiermaché, woraus sich Basreliefs, Zierden für architektonische Zwecke, Vasen, Urnen, Konsolen, Termen und andere Fußgestelle, Gemälderahmen, Uhrgehäuse u. dergl. verfertigen lassen.

Zu diesem Papiermaché kann man alle Arten von Papierspänen, wie auch Abfälle von Pappendeckeln und alles, was von diesen Dingen sonst wieder in die Papiermühle geliefert wird, verwenden. Ein zweiter Bestandteil desselben ist fein gesiebte Asche und ganz besonders diejenige von hartem Holze. Ein dritter Bestandteil endlich ist ganz ordinärer, bloß in Wasser abgekochter Mehlkleister.

Das Papiermaché wird nun aus obigen Bestandteilen auf folgende Weise dargestellt:

Die Papierspäne und sonstigen Buchbinderabfälle werden klein zerrissen, in ein mit Wasser gefülltes Gefäß geworfen und der Auflösung überlassen; öfteres Durcheinanderrühren befördert dieselbe. Aus diesem Gefäße wird die aufgelöste Papiermasse endlich herausgenommen, ganz leicht das Wasser ausgedrückt, dann in einen Mörser geworfen und in demselben gut zerstoßen. Ist dieses geschehen, so nimmt man diese Masse heraus, legt sie in ein starkes Leinentuch und windet mit Hilfe desselben das noch in der Masse befindliche Wasser so viel wie möglich aus. Hierauf wird der erzeugte Ballon entweder an der Sonne, oder auf einer warmen Feuerstelle, oder auf dem Ofen, getrocknet. Der getrocknete Ballon wird auf einer Rappémaschine, oder auf einem Reibeisen gerieben, so daß die Papierflocken der Baumwolle im Angreifen ähnlich sind. Diese geriebene Masse wird auf einem Brette mit ordinärem Mehlkleister mittels eines hölzernen Spatels zu einem

Teige untereinander gemengt und mit dem Kuchenwelger in derselben Weise ausgetrieben, wie man es bei der Verfertigung von Nudeln zu thun pflegt.

Dieser mit Mehlkleister angemachte Klumpen, der aus $1/3$ der ganzen anzumachenden Masse bestehen muß, wird auf einem Brett oder auf einer Tafel in Form eines Kranzes aufgesetzt. In die Oeffnung desselben schüttet man $2/3$ fein gesiebte Asche, am liebsten von hartem Holze, gießt nach und nach Wasser auf dieselbe und mengt so lange darin, bis die Asche ganz durchnäßt ist. Zuletzt wird auch der Kranz mit der nassen Asche zusammengearbeitet.

Diese 3 Bestandteile werden nun endlich in den Mörser gegeben und gut durcheinander gestoßen. Die daraus hervorgehende Masse ist das Papiermaché, von welchem oben die Rede war, und kann sogleich zum Gebrauch verwendet werden. Will man diese Masse auf längere Zeit feucht erhalten, so wird sie in irdene glasierte Gefäße gegeben, zwei und zwei dieser gefüllten Gefäße mit ihren Oeffnungen aufeinander gestellt und der Sonne und sonstigen Wärme entzogen.

Aus diesem Papiermaché lassen sich recht gut Basreliefs darstellen, indem die Masse die Stelle des Wachses beim Bossieren vertritt. Man nimmt für diesen Zweck ein Stück dieser Masse aus der irdenen Schüssel, in welcher man sie aufbewahrt hat, drückt dasselbe in der für das Basrelief erforderlichen Größe flach, bestreicht eine Seite der so dargestellten Platte mit dem oben erwähnten Mehlkleister und drückt diese Masse auf irgend eine beliebige Fläche, z. B. auf Schiefer, auf poliertes Holz, auf Metall oder auf geglättete Pappe. Alsdann legt man ein vierfach zusammengefaltetes Leinentuch auf diese Masse und drückt die etwa noch überflüssig vorhandene Feuchtigkeit durch wiederholte Auflegung dieses Tuches aus.

Nach dieser Behandlung der Masse kann man mit einem sogenannten Bossierhölzchen oder Bossiergriffel die Zeichnung des Bas- oder Hautreliefs ganz leicht gravieren,

Vertiefungen ausheben und die zu flachen Erhöhungen durch frisches Auflegen von Masse in das gewünschte Verhältnis bringen.

Diese Masse gewährt vor dem Bossierwachse verschiedene Vorteile:

1) Arbeitet der Bossiergriffel oder das Bossierhölzchen in dem weichen Teige viel leichter, indem die Masse sich niederdrücken, nach allen Seiten schieben, erhöhen und nach Belieben formen läßt. Sollte eine oder die andere Stelle etwas früher anfangen zu trocknen, so überfährt man mit einem in Wasser eingetauchten Haarpinsel diese Stelle, und die Masse läßt sich wie früher weiter formen.

2) Ist die Arbeit vor ihrer Beendigung ganz aufgetrocknet, so kann sie teilweise oder auf der ganzen zu bearbeiteten Strecke auf die eben beschriebene Art angefeuchtet und mit dem Bossiergriffel weiter bearbeitet werden.

3) Nachdem das ausgearbeitete Basrelief ganz aufgetrocknet ist, wird es mit verdünntem Mehlkleister, mittels eines Haarpinsels, überzogen, und man läßt alsdann den Mehlkleister auftrocknen, worauf die ganze Arbeit mit dem beinernen Poliergriffel geglättet wird.

Bis hierher ist diese erhabene Arbeit fertig, um davon Abdrücke mittels Abdruckwachs zu nehmen. Sie wird alsdann mit dünnem Leimwasser überzogen, wiederum getrocknet und auf die eben angegebene Art geglättet.

Diese letzte Zubereitung der Oberfläche gestattet jede Auftragung von Oel- oder körperlicher Wasserfarbe, Auflegung von Goldblättchen bloß durch den Hauch oder Ueberzug von Oelfirnis.

Ist die Arbeit angestrichen oder vergoldet worden, so pflegt man sie noch ein- oder mehreremale mit Weingeistlack zu überziehen, und nachdem derselbe getrocknet ist, kann weder Hitze noch Kälte, noch Feuchtigkeit, noch Staub, noch Verunreinigungen der Fliegen dieser Arbeit Nachteil bringen, denn die lackierte Oberfläche gewährt der darunterliegenden Masse vollkommenen Schutz. Der Staub wird mit einem weichen Borstwisch abgekehrt und die Fliegenverunreinigungen mit einem befeuchteten linnenen Tuche beseitigt.

## Sechzehntes Kapitel.
### Von der Verwendung des Papierstoffs zu Waggonrädern.

Wie in Amerika, so wird neuerdings auch in England, Frankreich und Deutschland Papierstoff zu den Rädern der Eisenbahn-Waggons benutzt. Bei diesen Rädern ist der Reifen aus Stahl und wird zum Aufziehen auf der Innenseite etwas konisch gedreht, so daß der innere Durchmesser an der Flantsche 8 Millimeter kleiner ist als der andere. Der Körper des Rades bildet ein Papierblock, gebildet aus Strohpapier, welcher in Scheiben von 76 Zentimeter Durchmesser geschnitten wird, die dann mit gewöhnlichem Leim zusammengeleimt und unter einem hydraulischen Druck von 300 Tonnen (= 6000 Zentner) zu einem Ganzen vereinigt werden. Nachdem der so erhaltene Block nahezu zwei Wochen lang in einem Trockenhause getrocknet worden ist, wird er auf einer gewöhnlichen Drehbank abgedreht und zugerichtet. Der dabei verwendete Drehstahl gleicht einem für Eisen benutzten, aber die Umlaufsgeschwindigkeit ist etwa dieselbe wie beim Abdrehen von Messing. Der so abgedrehte Block ist natürlich etwas größer als die Bohrung des Eisens, in den er passen soll, damit man sicher ist, daß er vollkommen fest darin sitzt. Darauf wird ein hydraulischer Druck von etwa 400 Tonnen (= 8000 Zentner) angewendet, um den Block in seinen Platz hinein zu zwängen, dabei wird noch der Reifen nahezu bis zur Temperatur des kochenden Wassers erwärmt, damit man nach dem Abkühlen sicher auf einen vollkommenen Schluß rechnen kann.

## Siebzehntes Kapitel.
### Von mehreren, dem Papiermaché ähnlichen, Kompositionen, aus welchen man die Steinpappe, das Schieferpergament, das Teerpapier u. dergl. herzustellen pflegt.

Die Verwendung von Steinpappe zu Dacheindeckungen macht immer weitere Fortschritte, seitdem es gewissen Fabrikanten gelungen ist, derselben eine unter allen Umständen bewährte Dauerhaftigkeit und Widerstandsfähigkeit gegen Nässe zu verleihen. Diese Eigenschaften können offenbar nur der Art und Weise der Darstellung der Steinpappe zugeschrieben werden. Die früher übliche Dachpappe war eine schwammige, leicht zusammendrückbare Masse, welche mit einem einfachen Teeranstrich versehen wurde, und den großen Uebelstand besaß, in feuchter Luft zu erweichen und demzufolge ihre Konsistenz zu verlieren. Dagegen stellt die Steinpappe infolge eines Ueberzugs mit gewissen erdigen Substanzen und Imprägnierung mit einer ölig-harzigen Komposition einen steinartigen Körper dar, der sich gegen die wechselnden Einflüsse der Atmosphäre sehr widerstandsfähig erweist und eben deshalb von großer Dauer ist. Es ist unstreitbar, daß eine Dacheindeckung mit Steinpappe vom ökonomischen Standpunkte aus sehr beträchtliche Vorteile bietet; sie ist überdies wenig

belastend und daher besser wie jede andere Bedachungs=
weise für leichte Konstruktionen geeignet. Um Steinpappe von vorzüglicher Güte darzustellen,
wählt man sich eine nicht zu starke Sorte Pappen und be-
streicht letztere mit einem heißgemachten Leinölfirnis so oft,
als der Firnis noch in die Porosität der Pappen einzieht.
Erfolgt dies nicht mehr und ist die Oberfläche trocken ge=
worden, so werden die Pappen — es versteht sich, jede
einzeln — durch eine Satinierpresse gezogen. Ist dies
geschehen, so bereitet man zum Anstrich der Pappen fol=
gende Mischung: Gleiche Teile Bleiglätte und Schamottepulver oder, in Ermanglung dessen, Pulver von recht hart
gebrannten Ziegelsteinen; Bleiglätte und Schamottepulver
werden mit Wasser fein gerieben; darauf wird der nassen
teigdicken Masse soviel Leinölfirnis zugesetzt, als nötig ist,
das Wasser herauszutreiben und mit der gedachten Masse
eine gleichfalls teigdicke Oelfarbe darzustellen. Diese ver=
mischt man dann mit ebensoviel dicker, aus gepülvertem
Bolus und Leinölfirnis zubereiteten Farbe und verdünnt
endlich das Gemisch, um es streichbar zu machen, mit
einem Firnis, der folgendermaßen bereitet wird: 1 Teil
Dammarharz wird in kleine Stücke zerschlagen und darauf
mit 2 Teilen Terpentinöl in einem Kochgefäß übergossen,
das Ganze aber vorsichtig aufs Feuer gestellt und so in
höherer Temperatur, die jedoch nicht bis zum Kochen des
Terpentinöls gehen darf, das Harz aufgelöst. Der Firnis ist so weit fertig, denn etwaige Unreinigkeiten setzen
sich sehr bald in demselben ab. Mit diesem Firnis ver=
dünnt man also die vorerwähnte Farbe und streicht mit
derselben die Pappen auf der Seite, die nach oben kommen soll, so oft an, bis sie stark gedeckt sind, wartet jedoch stets das Austrocknen des vorangegangenen Anstrichs
ab, bevor man einen folgenden Anstrich gibt. Auf diese
Art behandelt, gewinnen die Pappen ein Aussehen wie
rote, emaillierte Ziegeln, denen sie übrigens, wie bereits
erwähnt, auch in der Dauer nicht nachstehen.

Eine andere vortreffliche Steinpappe, die ebenfalls
ein dauerhaftes und leichtes Deckmaterial für Gebäude

abgibt, bereitet man wie folgt: Man streicht nicht zu dicke Pappen mit heißgemachtem Leinölfirnis so oft an, als sie davon aufnehmen wollen, läßt sie vollkommen trocken werden und dann durch eine Satinierpresse gehen. Nach diesem reibt man 3 Kilogramm geschlämmten Lehm, 2 Kilogramm durchgesiebte Holzasche, 1 Kilogramm Ziegelmehl und $1/2$ Kilogramm Bolus (oder auch ebensoviel Englischrot) sehr zart untereinander, siebt die Mischung durch ein feines Sieb und fügt soviel Leinölfirnis hinzu, als zur Verdünnung der Farbe nötig ist. Alsdann streicht man die Pappen erst dünn und nach erfolgter Trocknung so stark an, daß die Farbe gehörig deckt.

Eine noch andere, ebenfalls vortreffliche Steinpappe, die sich zwar nicht als Deckmaterial für Gebäude, aber sonst für vielerlei Gegenstände, besonders für Darstellung architektonischer Verzierungen sehr gut eignet, bereitet man auf nachstehende Art: 8 Teile Leim und 1 Teil gepulvertes arabisches Gummi werden in 12 Teilen Wasser gelöst und die Lösung bis zum Kochen erhitzt. Während des Kochens setzt man hierauf 12 Teile Papierzeug unter fleißigem Umrühren zu. Das Ganze versetzt man mit Schlämmkreide, bis sich die Mischung gut formen läßt. Die Masse wird nun in Formen gedrückt, endlich herausgenommen, der Luft zur anfangenden Austrocknung ausgesetzt und das Trocknen dann in einer Trockenstube vollendet. Ist die Masse ganz trocken geworden, so wird sie mit einem trocknenden Oele getränkt und aufs neue getrocknet, worauf man sie beliebig anstreichen oder bemalen kann. Um größere Gegenstände gegen das Verziehen zu bewahren, knetet man Eisenfeilspäne oder Aehnliches ein.

Um ferner die sogenannte schwarze englische Steinpappe darzustellen, deren man sich bedient, um mit einem Schieferstift darauf zu schreiben, läßt man Bimsstein wohl ausglühen, löscht ihn dann in Wasser ab, zerstößt ihn hierauf zu Pulver und siebt dieses durch ein Haarsieb. Nach diesem siebt man auch zu feinem Mehl geriebenen Schiefer durch ein solches Sieb. Das Pulver von beiden gibt man in eine Schüssel und soviel Leinölfirnis hinzu, bis ein dicker Brei gebildet ist, dem man soviel Kienruß zusetzt, um ihn eine satte Schwärze zu geben, worauf der Brei mit noch mehr Firnis versetzt und alles wohl und mit vielem Fleiß verrieben wird, so daß eine nicht allzu dünne Flüssigkeit daraus entsteht. Mit dieser Masse überzieht man nun gut satinierte Pappe oder sogenanntes Notenpapier mit Hilfe eines Pinsels, ohne eine Stelle zu verfehlen, so dünn, wie möglich. Damit das Bimsstein- wie auch das Schiefermehl sich nicht in der Masse zu Boden setze, muß sie stets umgerührt werden. Wenn die so angestrichenen Pappen oder Bogen trocken geworden sind, werden sie auf gleiche Weise zum zweiten Mal überzogen, darauf getrocknet und gepreßt.

Ein dem vorigen ähnliches Erzeugnis, welchem ebenfalls der Zweck vorliegt, um mit einem Schieferstift darauf zu schreiben, bildet das sogenannte Schieferpergament. Um dasselbe darzustellen, tränkt man gutes, starkes Schreibpapier mit Leinölfirnis, und überstreicht es dann, nach erfolgter Trocknung, zu wiederholtenmalen erst auf der einen und dann auch auf der andern Seite mit einer Masse, die man wie folgt bereitet: Man mischt 500 Gramm Schiefermehl, 250 Gramm Kienruß, 250 Gramm fein gepulvertes Glas, und 250 Gramm ausgeglühten und fein gepulverten Bimsstein recht innig durcheinander, siebt das Gemenge durch ein Haarsieb und macht es dann durch Zusatz von 250 Gramm Kopallack und 500 Gramm Terpentinöl zu einer Anstrichfarbe, die man, wie vorhin angegeben, verwendet.

Die Darstellung des zum Emballieren und für ähnliche Zwecke neuerdings oft empfohlenen Teerpapiers geschieht wie folgt: Man läßt 50 Kilogramm Teer 3 Stunden lang kochen, löst ihn in derselben Menge eines Leims auf, der aus Harz und Soda verfertigt wird, gießt 30 Kilogramm kochendes Wasser auf die Mischung, rührt sie sorgfältig um und läßt das Gemisch aufkochen. Hierauf schüttet man 50 Kilogramm Kartoffelmehl in eine Kufe, die 300 Liter Wasser enthält, und rührt es sorgfältig ein;

dann vermischt man den aufgelösten Teer mit 75 Liter kochendem Wasser und rührt dies zu dem Kartoffelmehle in die Kufe, wo eine vollständige Vereinigung mit demselben erfolgt und eine Flüssigkeit entsteht, von der man 24 Teile zu 20 Teilen Papierzeug verwendet. Aus dem nun fertigen Zeuge wird das Teerpapier fabriziert, das man schwarz anstreichen und firnissen kann, um es wasserdicht zu machen.

Nach anderer (von den Gebrüdern Hédon angegebener) Vorschrift erhält man ein gutes Teerpapier auch auf folgende Art: Man versetzt 25 Kilogramm Teer in Siedhitze und mischt damit 25 Kilogramm Leimauflösung ganz von derselben Beschaffenheit, wie sie in den Papierfabriken Anwendung findet. Nachdem dieses Gemisch 2 bis 3 Stunden gekocht, gießt man zu demselben 15 Kilogramm kochendes Wasser und unterhält das Sieden etwa noch $1/4$ Stunde. Mittlerweile rührt man in einem hinreichend großen Gefäße 25 Kilogramm Kartoffelmehl mit 300 Kilogramm Wasser zu einer recht gleichmäßigen Milch an und gibt ihr zuerst die Teerflüssigkeit und dann fernere 75 Kilogramm kochendes Wasser. Das Ganze wird noch eine halbe Stunde lang mittels eines Rührers gehörig durchgearbeitet. Man nimmt auf 50 Kilogramm eingestampftes Papierzeug 75 Liter Teerflüssigkeit und verfährt bei der Fabrikation des Papieres im Weiteren wie gewöhnlich. Durch Mitanwendung von Farbestoffen kann man das Teerpapier farbig, durch einen Anstrich von Firnis wasserdicht erhalten.

Ein wenig umständliches, sehr empfehlbares Verfahren, um Pappdeckel und Packpapier völlig wasserdicht zu machen, ist folgendes: Man bringe 1 Teil Zinnsalz mit 6 bis 8 Teilen Wasser in einem Gefäß mittels Umrührens zur teilweisen Lösung. In die hierdurch entstandene Flüssigkeit tauche man den zu behandelnden Pappdeckel oder überstreiche mit Hilfe eines in die Flüssigkeit getauchten Schwammes denselben auf einer oder auf beiden Seiten. Hierauf überstreiche man den noch nassen Pappdeckel oder das Packpapier mit einer konzentrierten

Seifenlösung mittels eines Pinsels gleichmäßig auf der mit der erwähnten Zinnsalzlösung befeuchteten Seite. Der auf diese Art behandelte Pappdeckel oder das Packpapier wird entweder an der freien Luft oder durch künstliche Wärme getrocknet. Zu einem Pappdeckel sind ungefähr 16²/₃ Gramm Zinnsalz und 25 Gramm Seife nötig. Durch dieses Verfahren wird ein nicht nur ungefärbtes billiges, sondern auch geruchloses wasserdichtes Fabrikat erzeugt.

## Achtzehntes Kapitel.

**Von dem Verfahren, wie die verschiedenen Gegenstände aus Papiermaché, deren Verfertigung weiter oben gelehrt worden ist, zu vergolden, zu versilbern und zu bronzieren, oder mit anderen geschmackvollen farbigen Anstrichen zu versehen sind.**

Das Vergolden und das Versilbern von Gegenständen aus Papiermaché geschieht durch Anwendung von sogenannter Bronze.*)

---

*) Das Bronzepulver (die Bronzefarbe, Metall- oder Staubbronze) wird aus den Abfällen der Metallschlägerei, aus der sogenannten Schawine, dargestellt. Diese Abfälle wurden früher und bis gegen die Mitte des vorigen Jahrhunderts nicht weiter verwendet, sondern unter das Kehricht geworfen, bis endlich ein Maurer in Fürth, Namens Huber, auf den Gedanken kam, diese Abfälle auf einem Reibsteine abzureiben und als Metallpulver zu verkaufen. Ein Fabrikant von Goldpapier, Martin Holzinger verbesserte das Verfahren Hubers und brachte es endlich dahin, durch geregelte Erhitzung der Bronze mehrere Farben zu

Winzer, Papiermaché. 5

Zur Grundfarbe der Bronze werden vier in Oel geriebene Farben, nämlich Berlinerblau, lichter Ocker, Englischrot und Umbraun auf einer Palette mit einem Spatel durcheinander gemengt und, damit die Auftrocknung

geben. So blieb es mehrere Jahre, bis der Metallschläger Konrad Pickel in Fürth in Verbindung mit einem Franzosen ein dem Gold ähnliches Bronzepulver darstellte. Gleichwohl war dieses Fabrikat noch wenig gesucht und fast ohne Wert, denn gegen das Ende des vorigen Jahrhunderts wurde das ½ Kilogramm Bronzefarbe noch zu 1,72 Mark verkauft, während das Material dazu, die Schawine, um 43 Pfge. das ½ Kilogramm zu haben war. Erst nachdem es gelungen war, die Bronze in allen Farben, mit Ausnahme der hellblauen, darzustellen, kamen die Bronzepulver in Aufnahme und sind jetzt ein wichtiger Handelsartikel. Die Preise der Bronzen stehen, je nach der Feinheit und Farbe, zwischen 4,54 und 51,60 Mark das ½ Kilogramm, während das ½ Kilogramm Schawine mit 3,44 bis 14,78 Mark bezahlt wird. In Fürth befinden sich gegenwärtig 14 Bronzefabrikanten; obwohl die Fabrikation teilweise mit Benutzung von Dampf- und Pferdekräften betrieben wird, so beläuft sich doch die Zahl der Arbeiter über 100, welche einen jährlichen Arbeitslohn von 25,800 Mark in Anspruch nimmt. Der Verkaufswert der jährlich produzierten Bronzefarben kann auf 430,000 Mark angenommen werden. Die Produktion in Nürnberg — erwähnenswert die Firma Birkner und Hartmann — mag etwa die Hälfte von der in Fürth erreichen.

Ch. König hat die deutschen Bronzefarben (zum Teil von Paul Segitz in Fürth dargestellt) analysiert.

a) Blaßgelb, von speisgelber Farbe, enthielt 82,33 Kupfer, 16,69 Zink und 0,69 Eisen.
b) Hochgelb, von schöner Goldfarbe, enthielt 84,5 Kupfer, 15,3 Zink und 0,07 Eisen.
c) Rotgelb, messinggelb mit einem Stich ins Rötliche, enthielt 90 Kupfer, 9,6 Zink und 0,2 Eisen.
d) Orange, von der Farbe des angelaufenen blanken Kupfers, enthielt 98,93 Kupfer, 0,73 Zink und 0,08 Eisen.
e) Kupferrot, mit einem Stich in Purpur, enthielt 99,90 Kupfer und Spur von Eisen.
f) Violett, von purpurvioletter Farbe, enthielt 98,22 Kupfer, 0,5 Zink, 0,3 Eisen und Spur von Zinn.
g) Grün, hellbläulichgrün, enthielt 84,32 Kupfer, 15,02 Zink, 0,03 Eisen und Spur von Zinn.
h) Weiß, zinnweiß bis blaugrau, enthielt 96,46 Zinn, 0,56 Eisen und 2,39 Zink.

Weitere Versuche Königs bestätigten, das die Färbung der Bronzefarben auf der Hervorbringung der Anlauffarben beruhe und geschwinder erfolge, etwas Oelfirnis darunter gegeben. Mit einem Fischpinsel wird diese gemischte Oelfarbe auf die zu bronzierende Arbeit rein aufgetragen, und man läßt sie im Schatten gehörig trocken werden. Sollte diese Bronzegrundfarbe die Fläche nicht ganz decken, so kann der Ueberzug noch einmal wiederholt werden. Ist auch dieser Ueberzug gehörig getrocknet, so trägt man einen Oelfirnislack auf, den man wiederum vollkommen auftrocknen lassen muß.

Bis hierher ist der Bronzegrund so weit gediehen, um auf den erhöheten Teilen das Metall hervorblicken zu lassen. Für diesen Zweck nimmt man einige Messerspitzen voll lichtes Bronzepulver auf ein Kartenblatt, daneben ein paar Tropfen Oelfirnis, taucht den Mittelfinger in letzteren ein und reibt das Metall ganz leicht damit an, tockiert damit die höchsten Höhen des Bronzegrundes und verreibt dieselben ganz leicht mit dem kleinen Finger.

Zur Vollendung dieser Arbeit und um den nassen Glanz des Oelfirnislacks zu dämpfen, wird, sobald das aufgeblickte Metall gänzlich aufgetrocknet, die letzte Ver-

---

daß bei der Fabrikation der verschiedenen Bronzefarben eine Legierung zu Grunde gelegt werde, welcher man durch Erhitzen die eine oder die andere Farbe erteile. Zur Erzielung einer gleichmäßigen und niedrigen Temperatur bei der Fabrikation der Bronzen setzt man bekanntlich eine Fettsubstanz zu. König empfiehlt zu diesem Zwecke Wachs und Paraffin, und zwar in der Menge von 0,5 Prozent.

Englische Kupferbronzen enthielten nach Karmarsch:
a) in einer besseren Sorte 83 Kupfer, 4,5 Silber, 8 Zinn und 4,5 Oel;
b) in einer schlechtern Sorte 64,8 Kupfer, 4,3 Silber, 8,7 Zinn, 12,9 Zink und 3 Oel.

S. Tschelnitz führt in seiner Farbenchemie an, daß die Bronzepulver mit gewissen Farbestoffen, so mit Karmin, Indig, Schmalte ꝛc. versetzt würden, wodurch man Bronzepulver von verschiedenen Farben und Nüancen erhielte, welche im Handel die Namen Karminbronze, Rosabronze, Bleichgelb, Zitronengelb ꝛc. führen. Diese Angabe beruht auf einem Irrtume.

glasung aufgetragen, das heißt, die ganze Bronze wird mit Weingeistlack, der sehr schnell trocknet, ebenfalls mittels eines Fischpinsels überzogen.

Um einen aus obiger Masse erzeugten Körper zu kolorieren, kann man eine beliebige Wasser= oder Oelfarbe anwenden, die man alsdann mit einem Oelfirnislack und endlich noch mit Weingeistlack überzieht.

Für manche Körper eignet sich auch sehr gut der sogenannte **besprengte Grund**. Hierzu müssen die einzelnen Farben etwas konsistenz und jede besonders abgerieben werden. Dann nimmt man einen steifen, am vorderen Ende glatt abgeschnittenen Borstenpinsel, gibt ihm nur ein wenig von der einen Farbe und sprengt damit, indem man den Pinsel in die linke Hand faßt und mit dem Zeigefinger der rechten die Borsten schnellt, um die Farbe tropfenweise aufzuspritzen. Ist diese Sprengung ausgetrocknet, so wird mit einer andern Farbe und einem andern Pinsel auf gleiche Art gesprengt und, wenn man will, noch mit einer dritten.

Hierbei gilt als Regel, daß die lichten und hellen Farben den dunkeln vorangehen müssen; ferner, daß die Tropfen so gleichförmig wie möglich, fallen, welches bei einiger Uebung leicht geschehen wird, wenn man den Pinsel nicht zu voll nimmt und vorher die groben Teile in die Luft spritzt. Einige schnellen nicht mit den Fingern, sondern nehmen ein Falzbein und streichen damit über den Pinsel. Bei größeren Flächen bedient man sich auch wohl eines leichten Hammers, womit man stark oder schwach, je nachdem die Tropfen stark oder schwach fallen sollen, auf den Stiel des Pinsels schlägt.

Soll der gesprengte Grund große Zwischenräumen erhalten, so bestreut man, wenn es sich zumal um größere Flächen handelt, dieselben mit Reis oder Leim. Auch lassen sich allerlei Figuren auf den Grund bringen, wenn man solche fein ausgeschnitten auflegt und nach dem Sprengen wieder wegnimmt.

Um einen **goldgesprengten Grund** hervorzubringen, thut man in einen Marmormörser 15 Gramm reinen Honig und ein Büchlein Blattgold, reibt beides wohl untereinander, bis das Gold recht fein zerteilt ist, gießt $1/4$ Liter Wasser dazu und mischt es wohl untereinander. Wenn das Wasser aufwirft, gießt man es ab und trägt dagegen anderes ein, bis der Honig ganz herausgezogen ist und nichts als das Gold zurückbleibt. Hierauf mischt man $8\tfrac{1}{3}$ Gramm ätzendes Sublimat in einige Theelöffel voll Weingeist, und wenn es aufgelöst ist, thut man dasselbe zu dem Golde und sprengt mit dieser Mischung die zuvor einfarbig grundierte Fläche. Man kann auch kleingeriebenes Blattgold oder Silber auf den noch nassen Grund gleichförmig aufstreuen und nach der Trocknung darüber lackieren. Das Aufstreuen geschieht mit einem kleinen Siebe von Flor.

Sehr schön nimmt sich auch auf dergleichen Körpern und Gefäßen der **marmorierte Grund** aus. Am schönsten wird der Marmor von drei Farben, welche aber gut nach dem Lichte und nach der Natur irgend einer Marmorart geordnet werden müssen. Zum Marmorieren und Tupfen gebraucht man ein kleines Schwämmchen und zum Ziehen der Wellen, Flammen und Adern ein schmales Holz, welches wie ein Kamm einige Zinken oder Zähne hat.

Soll z. B. ein Grund marmoriert werden, so gibt man ihm nach dem Schleifen zuerst einen gleichfarbigen Anstrich und besprengt ihn nach dem Trocknen etwas grob mit einer steifen Kalktünche; dann macht man die Tupfen und Flammen von andern Farben, die sich von der erstern unterscheiden, zuletzt wird der Kalk abgenommen, der leicht abspringt.

Aeußerst geschmackvoll nimmt sich auch der **lasierte Gold- oder Silbergrund** aus, den man auf diese Weise ausführt, daß man mit durchsichtigen Farben über die vorher vergoldete oder versilberte Arbeit lackiert, so daß das Gold oder Silber durch diese Farben hindurch schimmert, welches besonders beim Grün und Rot einen sehr schönen Effekt macht.

Um z. B. einen grün lasierten Gold- oder Silbergrund darzustellen, gibt man mit einer grünen Farbe nach und nach drei bis vier Aufträge, streut dann auf den letzten, wenn er noch ganz frisch ist, Muschelgold oder Flittern von Gold oder Silber durch ein hinlänglich weites Sieb auf, und wenn die Farbe gut angezogen hat und ziemlich trocken ist, drückt man das Gold oder Silber mit einem Blatte Papier auf. Ist dieses geschehen und hat man das überflüssige Gold oder Silber mit einem trockenen Pinsel weggebracht, so wird die Arbeit mit Grünspan, den man mit einem Lackfirnis abgerieben und gut verdünnt hat, lasiert. Die Farbe muß jedoch ganz leicht, gleichmäßig und höchst behutsam aufgetragen werden. Auf diese Lasur setzt man einen sehr lichten, klaren Lackfirnis und gibt wohl 8, 10 bis 12 Aufträge, deren jeder vollständig trocken sein und gut abgezogen werden muß.

Zu Lasurfarben dienen aber folgende: Zu Rot nimmt man Florentinerlack, Karmin, Kochenille oder Drachenblut; zu Blau entweder Berliner- oder Mineralblau; zu Gelb entweder Gummigutt, Kurkuma oder Safran; zu Grün entweder destillierten Grünspan oder eine Mischung von Gelb und Blau.

Der Auftrag dieser Farben geschieht auf verschiedene Art. Der Florentinerlack wird so fein, als möglich, gerieben, mit Weingeist vermischt und aufgetragen; ebenso trägt man den Karmin und auf ähnliche Art die Kochenille auf, nur daß letztere nicht gerieben zu werden braucht, sondern man läßt sie etliche Tage lang in Alkohol ausziehen und mischt den schönen und stark gefärbten Weingeist unter den Lack, um damit zu lasieren. Das Gummigutt und die Kurkuma kann man ebenso, wie die Kochenille, behandeln; das Drachenblut endlich wird gerieben, dann bei gelinder Wärme in Weingeist aufgelöst.

Einige Farben, z. B. der destillierte Grünspan, dürfen nicht unmittelbar mit dem Weingeistlack vermischt werden, weil sie dann aufbrausen und ihre Durchsichtigkeit verlieren. Diese reibt man mit schönem hellen Oelfirniſſe, wozu man ebenſoviel Terpentiöl miſcht, recht fein, trägt ſie auf, und wenn ſie trocken ſind, ſtreicht man einen ſchönen Weingeiſtlackfirnis darüber.

Hauptregel, von der faſt die ganze Schönheit der Arbeit abhängt, iſt, daß man die Farbe ſo gleichförmig, als möglich, aufträgt, ſo daß ſie an keinem Orte dicker, als am andern, zu liegen komme. Je nachdem man die Farbe heller oder dunkler verlangt, wird der Auftrag ein-, zwei- oder mehrmal wiederholt, und wenn der letzte recht trocken iſt, ſo wird er vorſichtig mit Schachtelhalm abgerieben. Noch zeigt ſich aber die laſierte Arbeit nicht ſonderlich ſchön, ſondern das Gold ſcheint wie von einem Nebel bedeckt zu ſein; ſobald man aber den hellen Weingeiſtlackfirnis aufträgt, ändert ſich die Szene, der Nebel verſchwindet, und das Gold oder Silber ſcheint mit lebhaftem Glanze durch die auf einmal erheiterte Farbe hindurch. Die Lackaufträge werden ſo oft wiederholt, bis der Glanz, der ſich anfangs zum Teil wieder verliert, bleibend wird.

Bemerkt ſei ſchließlich noch, daß man als Erſatz für Bronzefarben den Arbeiten aus Papiermaché neuerdings auch öfters einen Ueberzug mit ſogenannten **Glimmerbrokaten**, d. i. mit den kleinen, ſilberglänzenden Schüppchen des Glimmerſchiefers gibt. Letzterer wird für dieſen Zweck in beſonderen Fabriken (z. B. in der von Fr. **Rotter** in Amberg, **Piller** in Wien ꝛc.) mittels eigener Vorrichtungen fein zerteilt, die pulverige Maſſe dann durch Auskochen mit Salzſäure oder durch Glühen in einem rein weißen Zuſtand übergeführt, hierauf ausgewaſchen, getrocknet und durch Sieben in Sorten geſchieden. Die Sortimente dieſer Fabriken umfaſſen Silberbrokate und farbige in allen Kouleuren. Das erſtere iſt der naturelle, auf die vorhin beſchriebene Weiſe dargeſtellte Stoff; die farbigen Nummern hingegen entſtehen durch Färbung der weißen mit Anilinfarben. Um das eine oder andere dieſer Pulver auf einen Gegenſtand aus Papiermaché aufzubringen, hat man weiter nichts nötig, als dasſelbe mit verdünntem Kollodium anzurühren und es dann wie eine Farbe mittels eines Pinsels aufzutragen. Die auf diese Weise behandelten Gegenstände geben sehr hübsche Effekte und bieten, gegenüber den mit Metallbronzefarben überzogenen, den Vorteil, sich gegen schwefelhaltige Ausdünstungen indifferent zu verhalten, können auch von Schmutz und Staub, ohne Schaden zu leiden, leicht durch Abwaschen gereinigt werden.

## Neunzehntes Kapitel.

Von noch einigen Vorschriften zur Bereitung verschiedener schöner und vornehmlich farbiger Lackfirnisse, durch welche den aus Papiermaché gefertigten Artikeln der höchste Grad von Vollendung erteilt werden kann.

1) **Weingeistlackfirnis, welcher unvermischt oder mit Farben aufgetragen werden kann.** — Man nehme:

60 Gramm reinen Gummilack,
30 „ Sandarach,
30 „ Mastixkörner und
780 „ Alkohol,

thue alles in eine Phiole, welche wenigstens $^1/_3$ leer bleibt und bringe solche in ein Sandbad. Sobald der Alkohol gelinde zu kochen anfängt, nehme man einen Teil der Kohlen hinweg und lasse nur so viel Feuer, als nötig ist, einen gleichen und mäßigen Grad von Wärme zu erhalten. Wenn der Alkohol auf diese Weise 5 bis 6 Stunden langsam gekocht hat und die Harze aufgelöst sind, lasse man den fertigen Lack erkalten, gieße ihn dann durch ein seidenes Tuch in reine gläserne Flaschen und verstopfe diese gegen alle Verflüchtigung.

2) **Weingeistlackfirnis**, womit man allerlei Farben einrühren und damit malen kann. — Man nehme:

    $16^{2}/_{3}$ Gramm Animeharz,
    $33^{1}/_{3}$ „     Mastix und
    $33^{1}/_{3}$ „     ausgelaugten Sandarach;

pulverisiere alles wohl, thue es in ein starkes Glas, schüttele die Materie wohl durcheinander und lasse das Gemenge in $266^{2}/_{3}$ Gramm reinem Alkohole, mittels eines Sand- oder Wasserbades, auflösen.

3) **Weingeistlackfirnis**, der ebenfalls im Vereine mit Farben aufgetragen werden kann. — Man nehme:

    $66^{2}/_{3}$ Gramm Mastix in Tropfen,
    $66^{2}/_{3}$ „     Sandarach,
    100    „     venezianischen Terpentin und
    600    „     reinen Alkohol.

Wenn die Harze aufgelöst sind, setze man den Terpentin hinzu, lasse das Ganze noch einigemal aufkochen und seihe dann den fertigen Lackfirnis durch feine Leinwand. Dieser Lackfirnis verlangt übrigens eine sehr feine Reibung der Farben; er löst sie dann aber auch vortrefflich auf.

4) **Terpentinlackfirnis**, um Farbe damit zu reiben oder zu versetzen. — Man nehme:

    $66^{2}/_{2}$ Gramm weißen Weihrauch,
    $33^{1}/_{3}$ „     Mastix,
    100    „     venezianischen Terpentin,
    $66^{2}/_{3}$ „     zerstoßenes Glas und
    $533^{1}/_{3}$ „     rektifiziertes Terpentinöl.

Sämtliche Harze, mit Ausschluß des Terpentins, werden gepulvert, mit dem Glase vermischt, in einen Kolben gethan, mit dem Terpentinöle übergossen, das Gefäß wird mit nasser Blase verbunden und die Lösung im Wasserbade bewirkt. Hernach setzt man den Terpentin, und wenn der Lackfirnis fertig ist, noch 33⅓ Gramm ungekochtes präpariertes Leinöl oder lichten Oelfirnis hinzu.

5) **Völlig ungefärbter Weingeistlackfirnis, womit man die empfindlichsten farbigen Gründe lackieren kann.** — Man nehme:

| | | |
|---|---|---|
| 100 | Gramm | Sandarach, |
| 33⅓ | „ | Mastix, |
| 16⅔ | „ | venezianischen Terpentin und |
| 533⅓ | „ | Weingeist. |

Der Sandarach und Mastix werden zu feinem Pulver gestoßen, in einen Kolben gethan, mit dem Weingeiste übergossen, das Gefäß mit durchstochener Blase verbunden und in ein Sand- oder Wasserbad gestellt. Sobald sich die Harze aufgelöst haben, wird der Terpentin hinzugethan und das Ganze noch einige Zeit digerieren gelassen, damit eine völlige Vereinigung der aufgelösten Ingredienzien erfolge.

6) **Goldfarbiger Weingeistlackfirnis.** — Man nehme:

| | | |
|---|---|---|
| 66⅔ | Gramm | Gummilack, |
| 66⅔ | „ | Sandarach, |
| 66⅔ | „ | Gummigutt, |
| 66⅔ | „ | Drachenblut, |
| 83⅓ | „ | venezianischen Terpentin, |
| 33⅓ | „ | Mastix, |
| 33⅓ | „ | weißen Weihrauch und |
| 16⅔ | „ | gelbes Kolophonium. |

Die festen Ingredienzien werden zerstoßen, mit einem Zusatze von zerstoßenem Glase in eine geräumige Flasche gethan und mit 1066⅔ Gramm alkoholisiertem Weingeist übergossen. Hat diese Masse einige Zeit bei gelinder Wärme, unter öfterm Umschütteln, digeriert, so bewirkt man die völlige Solution in einem Kolben durch das Wasserbad, setzt dann erst den Terpentin in flüssiger Form bei, filtriert das Fluidum durch ein seidenes Tuch und verwahrt es in wohlverstopften gläsernen Flaschen.

7) **Goldfarbiger Weingeistlackfirnis auf andere Art.** — Man nehme:

$133\frac{1}{3}$ Gramm feinen Gummilack,
50 „ ausgelaugten Sandarach,
$33\frac{1}{3}$ „ Mastixkörner,
$33\frac{1}{3}$ „ gelben Bernstein,
100 „ helles gelbes Kolophonium,
$33\frac{1}{3}$ „ Drachenblut,
25 „ Kurkumä,
25 „ Gummigut, und soll die Farbe noch höher werden, auch
$33\frac{1}{3}$ „ sokotrinische Aloe.

Alle diese Ingredienzien werden klar gestoßen und in ein giräumiges aber starkes Glas gebracht. Nachdem gießt man 2 Liter alkoholisierten Weingeist darüber und behandelt die Mischung wie in der vorhergehenden Vorschrift.

Vor dem Gebrauche dieses Goldlackfirnisses stellt man ihn in ein mit lauem Wasser angefülltes Becken, damit er sich besser auftragen lasse, und erwärmt auch die zu lackierende Ware.

8) **Goldfarbiger Terpentinöllackfirnis.** — man nehme:

$33\frac{1}{3}$ Gramm Gummilack in Körnern,
$33\frac{1}{3}$ „ Leberaloe,
$16\frac{2}{3}$ „ gelben Bernstein,
$16\frac{2}{3}$ „ ausgelaugten Sandarach,
$1\frac{2}{3}$ „ Gummigutt und
$\frac{3}{4}$ „ Drachenblut,

pulverisiere alles aufs feinste, thue es in ein Glas oder einen Kolben, gieße $266\frac{2}{3}$ Gramm des besten alten Terpentinöls hinzu, verwahre die Oeffnung des Gefäßes mit nasser Blase, in welche mit einer starken Nadel ein Loch gestochen wurde, lasse die Ingredienzien einige Tage lang bei gelinder Wärme digerieren und bewirke zuletzt die völlige Auflösung im Sand- oder Wasserbade. Ist die Auflösung geschehen, so bringe man noch einen guten Eßlöffel voll starken Leinölfirnis dazu, lasse die ganze Masse noch etlichemal aufwallen, bis sich alles recht miteinander vereinigt hat. Zuletzt seihe man den fertigen Lackfirnis durch zarte Leinwand.

9) **Goldfarbiger Terpentinöllackfirnis auf andere Art.** — Man nehme:

8 1/3 Gramm Drachenblut,
8 1/3 „ schönes gelbes Kolophonium,
16 2/3 „ Gummigutt,
16 2/3 „ Schellack,
16 2/3 „ gelben Bernstein und
8 1/3 „ sokotrinische Aloe,

pulverisiere diese Ingredienzien alle fein und thue solche, wenn man 100 Gramm weißen Terpentin in einem glasurten Tiegel auf gelindem Kohlenfeuer hat zerlaufen lassen, nach und nach hinein, wobei man mit einem hölzernen Spatel die Masse fleißig umgerührt wird. Hat sich alles gut miteinander vereinigt, so bringe man 400 bis 500 Gramm erwärmtes Terpentinöl dazu, je nachdem der Lackfirnis mehr oder weniger konsistent werden soll, und mische zuletzt noch 16 2/3 Gramm starken Leinölfirnis bei. Hat dann die Masse noch einigemal miteinander aufgewallt, so lasse man sie abkühlen und seihe sie noch lauwarm in trockene Flaschen.

10) **Lackfirnis, womit man Bronzierungen, sowie auch sogenanntes Matt- oder Blattgold überziehen kann.** — Man nehme:

66 2/3 Gramm Bernstein,
33 1/3 „ Elemiharz,
16 2/3 „ helles gelbes Kolophonium und

Bernstein so viel, als zur mäßigen Verdünnung erfordert wird.

Oder:

66²/₃ Gramm Bernstein,
50 „ Kopal,
33⅓ „ Kolophonium und
Terpentinöl so viel, als zur Verdünnung der Masse erfordert wird.

In einem offenen Gefäße, welches man in einem Sandbade erwärmt, läßt man zuerst das Kolophonium schmelzen und schüttet dann nach und nach den Bernstein in Pulverform hinein. Sobald man merkt, daß die Masse steif wird und sich verdickt, gieße man ein wenig Terpentinöl hinzu und mische sodann auch das Kopal= oder Elemipulver bei. Hat sich alles gut und hinlänglich aufgelöst, so wird zur Verdünnung noch mehr Terpentinöl zugesetzt. Je weniger man aber davon zu nehmen genötigt ist, desto härter und fester wird der Lackfirnis; auch kann man, statt Elemiharz, besser Animeharz nehmen.

Dieser Lackfirnis muß etwas warm aufgetragen, auch die Sache, welche man überziehen will, wenn es möglich ist, vorher erwärmt werden. Das Auftragen geschieht daher am besten in der Nähe eines warmen Ofens, doch darf dabei die Hitze nicht zu stark sein, weil der Lackfirnis sonst leicht Blasen bekommt.

11) **Lackfirnis auf Dosen, Knöpfe und andere aus Papiermaché gefertigte Gegenstände, welche einer Reibung unterworfen sind.** — Man nehme:

83⅓ Gramm Körnerlack,
33⅓ „ Sandarach,
25 „ Elemiharz,
33⅓ „ venezianischen Terpentin,
100 „ zerstoßenes Glas und
400 „ reinen Alkohol.

Zur Verfertigung wähle man ein ziemlich geräumiges Gefäß, damit die geistigen Dünste frei zirkulieren können, weil es nötig ist, die Flasche fest zu verstopfen, außerdem das geistige Fluidum geschwächt wird und das aufgelöste Harz wieder fahren läßt.

Diese Komposition erweist sich zum Ueberziehen genannter Gegenstände ganz zweckentsprechend, und sie bekommt auch nie Risse oder Sprünge.

12) **Lackfirnis für den nämlichen Gebrauch, wie der vorige.** — Man nehme:

66 2/3 Gramm weißen, präparierten Sandarach,
33 1/3 „ hellen Mastix,
16 2/3 „ weiß gesottenen venezianischen Terpentin,
66 2/3 „ zerstoßenes Glas und
533 1/3 „ alkoholisierten Weingeist.

Der Sandarach und der Mastix werden zu feinem Pulver gestoßen, mit dem Glase gemengt, in einen Kolben gethan und der Alkohol hinzugeschüttet. Ist die Auflösung geschehen, welche in einem Sand- oder Wasserbade bewirkt wird, so wird auch der Terpentin, den man vorher zerlassen hat, hinzugeschüttet. Hat sich alles gehörig vereinigt, so wird der Kolben von der Wärme weggenommen, und wenn die Flüssigkeit kalt geworden ist, wird sie durch Leinwand behutsam in eine reine Flasche geseihet.

13) **Lackfirnis, welcher dem siedenden Wasser widersteht.** — Man koche in einem unverzinnten kupfernen Kessel 3/4 Kilogramm Leinöl, hänge in einem Säckchen, welches den Boden nicht berühren darf, 150 Gramm Bleiglätte und 90 Gramm pulverisierte Mennige hinein. Das Kochen des Oels setze man so lange fort, bis dasselbe eine dunkelbraune Farbe hat, nun nehme man das Säckchen heraus, bringe ein anderes hinein, worin sich eine Knoblauchszehe befindet, und wiederhole dies mit frischen Knoblauchszehen sieben- bis achtmal, oder bringe besser alle auf einmal hinein.

Hiernach bringe man ½ Kilogramm Bernstein in fein pulverisiertem Zustande mit 60 Gramm Leinöl über starkes Feuer, lasse es schmelzen, bringe es in noch kochendem Zustande zu dem gekochten Leinöl und lasse es unter starkem Umrühren noch 2 bis 3 Minuten lang kochen, nachher sich setzen, worauf man das Klare abgießt und nach dem Erkalten in gut verkorkten Flaschen aufbewahrt.

Um diesen Firnis anzuwenden, schleift man den aus Papiermaché gefertigten Gegenstand mittels eines weichen Lederstückes und Bimssteinmehl auf das feinste und gibt ihm die verlangte Farbe, z. B. zum Nußbraun einen schwachen Anstrich mit einer Mischung von Ruß und Terpentinöl. Wenn die Farbe vollkommen getrocknet ist, trägt man den Firnis mittels eines Pinsels gleichförmig auf und macht auf diese Art vier Anstriche, wobei man jedesmal den früheren vorher trocknen läßt.

14) **Durchsichtiger Lackfirnis nach japanischer Art.** — Man nehme:

120 Gramm Terpentinöl,
30 „ Lavendelöl,
2 „ Kampfer und
30 „ Kopal

und löse auf.

15) **Weingeistlackfirnis, der sich durch Glanz und Festigkeit auszeichnet.** — Man nehme:

50 Gramm Sandarach,
50 „ Mastix in Körnern,
33⅓ „ Kopal,
50 „ Lavendelöl und
533⅓ „ Alkohol.

Auf den Kopal tröpfelt man einige Tropfen Lavendelöl, bringt ihn dann in einem neuen, gut glasierten Topfe über gelindem Kohlenfeuer, unter öfterem Umrühren, zum Schmelzen, gießt dann die völlig flüssige Masse auf eine glatte Steinplatte, läßt sie kalt werden und stößt sie hierauf zu einem feinen Pulver. Nun thut man den Sandarach, den Mastix, ebenfalls fein gepulvert, mit dem Kopal, und 66²/₃ Gramm gewaschenem und zerstoßenem Glas in einen weiten Glaskolben, setzt das Lavendelöl hinzu, schüttelt das Gemenge gut um, gießt dann auch den Alkohol hinzu und verbindet nunmehr den Kolben mit nasser Blase, in welche man eine starke Nadel steckt. Jetzt wird der Kolben in ein Sandbad gesetzt, anfangs nur eine mäßige Hitze gegeben, die man nach und nach verstärkt. Hat sich die Masse vollständig aufgelöst, so läßt man den Lackfirnis erkalten und seihet ihn zuletzt durch ein seidenes Tuch in trockene, reine Flaschen, die man verkorkt.

16) **Weingeistlackfirnis von der nämlichen Beschaffenheit wie der vorige:** — In einen gläsernen geräumigen Kolben mit etwas langem Halse füllt man 1 Kilogramm Alkohol, der wenigstens 90 bis 95 Prozent hält, dergestalt, daß der Kolben nur bis auf ¹/₃ voll ist. Man bringt nun 266²/₃ bis 400 Gramm Kopal, in Stücken einer Erbse groß, in ein Beutelchen von wollener Gaze und hängt solches, mittels eines Bindfadens, in den Hals des Kolbens so auf, daß der Beutel 4 bis 5 Zentimeter weit von der Oberfläche des Alkohols absteht, worauf die Oeffnung des Kolbens mit einer Verdichtungsflasche, oder auch nur mit nasser Blase verschlossen wird, in deren Mitte man eine Stecknadel steckt. Man setzt nun den Kolben in ein Wasser- oder Sandbad und erhitzt dieses, doch so, daß der Alkohol dadurch nicht zum Kochen kommt. Sobald der Alkohol flüchtig wird, so durchdringen die Dämpfe den Kopal, lösen ihn auf und er tröpfelt in öligter Gestalt in die Flüssigkeit und verbindet sich mit derselben. Ist die Flüssigkeit gesättigt, und treten die herabfallenden Tropfen mit derselben nicht mehr in Mischung zusammen, so nimmt man die Kohlen weg und läßt die Auflösung kalt werden, welche man, wenn sie sich gehörig geklärt hat, mit Vorsicht in reine, trockene Flaschen abgießt. Der Rückstand von Kopal wird zuletzt in Weingeist oder Terpentinöl, mittels der Wärme besonders aufgelöst.

Auf diese Art bekommt man einen wasserhellen Weingeistlackfirnis mit Kopal, der einen durchsichtigen, festen und dauerhaften Ueberzug bildet, äußerst leicht zu verfertigen ist und gewiß jeder Erwartung entsprechen wird.

17) **Farbige Lackfirnisse von Weingeist.** — Um diese zu verfertigen, nimmt man:

a) Zu einem **roten** Lackfirnis:

  $66^2/_3$ Gramm Gummilack,
  $66^2/_3$ „ Drachenblut,
  $16^2/_3$ „ Sandarach und
  400 „ reinen Alkohol.

b) Zu einem **gelben** Lackfirnis:

  $66^2/_3$ Gramm Gummilack,
  $33^1/_3$ „ Sandarach,
  $33^1/_3$ „ fein gestoßene Kurkumä,
  $1^2/_3$ „ von der besten sokotrinischen Aloe,
  $16^2/_3$ „ Mastix und
  400 „ reinen Alkohol.

c) Zu einem **braunen** Lackfirnis:

  200 Gramm Sandarach,
  $133^1/_3$ „ Schellack und
  $1^1/_4$ Kilogramm Alkohol.

Oder:

  $66^2/_3$ Gramm Schellack,
  $33^1/_3$ „ Sandarach,
  $33^1/_3$ „ venezianischen Terpentin und
  $266^2/_3$ „ alkoholisierten Weingeist.

Die Harze werden grob gestoßen, dann geschmolzen, nach dem Erkalten fein gepulvert in ein Glas zu dem Weingeiste gethan und dann an einem warmen Orte oder auch im Wasserbade, unter öfterm Umschütteln, aufgelöst. Hat der Lackfirnis nach dem Erkalten so lange ruhig gestanden, bis er alles Unreine hat zu Boden fallen laſſen, ſo wird er zuletzt durch ein Tuch auf kleine trockene Gläſer geſeihet.

18) **Wohlriechender Lackfirnis von Weingeiſt.** — Man nehme:

- 133 1/3 Gramm Gummilack,
- 33 1/3 „ Storax,
- 33 1/3 „ Benzoe,
- 66 2/3 „ Sandarach und
- 600 „ reinen Alkohol.

Oder:

- 66 2/3 Gramm Gummilack,
- 33 1/3 „ Sandarach,
- 1 2/3 „ Amber,
- 1 2/3 „ Kopaiva-Balſam,
- 1 2/3 „ Laudanum,
- 1 2/3 „ Myrrhen,
- 16 2/3 „ Benzoe,
- 33 1/3 „ Maſtix und
- 400 „ reinen Alkohol.

Die Auflöſung geſchieht wie gewöhnlich im Waſſerbade.

---

## Zwanzigſtes Kapitel.

Von dem Verfahren, wie Gegenſtände aus Papiermaché mit Kupferſtichen oder Lithographien zu dekorieren ſind.

---

Man tauche oder lege den hierzu beſtimmten Kupferſtich u. ſ. w. einige Minuten lang in ein verzinntes Blechbecken, oder, in Ermangelung deſſen, in eine Porzellanſchüſſel, worin ſich eine Auflöſung von 33 1/3 Gramm unterſchwefligſaurem Natron in 1,15 Liter Flußwaſſer befindet, die bis auf 55 bis 60° R. erwärmt worden war, dann trockene man den Kupferstich u. s. w. mit einer reinen Serviette ab, und lege ihn so schnell als möglich auf den schon mit einem Anstriche (Firnis a, welcher unten beschrieben) vorbereiteten und gelind erwärmten Gegenstand aus Papiermaché, drücke ihn mit dem Ballen der Hand gut und fest an und reibe sodann das Papier mit Terpentinöl schnell und vorsichtig ab. Endlich lasse man diese Arbeit einige Stunden lang trocknen. Ist dieses geschehen, so überziehe man mit einem aus Biber- oder Marderhaar bereiteten Lackpinsel den Gegenstand drei- bis viermal mit dem Firnis b, lasse ihn nach jedem Anstriche gut trocknen und schleife mit Bimsstein oder Sepia und einigen Tropfen Olivenöl die Fläche des Gegenstandes aus Papiermaché sauber ab.

Um dem Ganzen ein schönes, glänzendes Ansehen zu geben, mache man sich einen Ballen von wollenem Zeuge, gieße auf denselben mehrere Tropfen von dem Firnis c, lege dann ein reines leinenes Läppchen darüber und reibe oder poliere vermittelst einiger Tropfen Olivenöl die Fläche in einer Kreislinie so lange, bis dieselbe den gewünschten Glanz erhält.

Um den oben erwähnten Firnis a zu bereiten, nimmt man:

$66 \frac{2}{3}$ Gramm venezianischen Terpentin,
$33 \frac{1}{3}$ „ ausgelaugten Sandarach,
$4 \frac{1}{2}$ „ Mastix und
$266 \frac{2}{3}$ „ alkoholisierten Weingeist.

Den Firnis b aber bereitet man aus:

$66 \frac{2}{3}$ Gramm ausgelaugtem Sandarach,
$8 \frac{1}{3}$ „ Mastix und
$25 \frac{1}{2}$ „ alkoholisiertem Weingeist.

Und den Firnis c aus:

$33 \frac{1}{3}$ Gramm Mastix und
$100$ „ alkoholisiertem Weingeist.

Verlag von B. F. Voigt in Weimar.

C. Bauer,
## Handbuch der Buchbinderei.
Nebst kurzer Anleitung zur Herstellung verwandter Arbeiten, als Aufziehen von Pausen und Photographien, Einrahmen wertvoller Bilder, Behandlung einfacher Portefeuille-Artikel und der Stickereien ꝛc. Mit einem Anhang, Berechnungs-Tarif enthaltend. Siebente Auflage von C. F. G. Thons „Kunst Bücher zu binden", unter Mitwirkung tüchtiger Kräfte vollständig umgearbeitet. Mit 36 Holzschnitten im Text und einem Atlas von 11 Foliotafeln, enthaltend Abbildungen älterer und neuerer Buchverzierungen. gr. 8. Geh. 4 Mark 50 Pfge.

B. Dropisch,
Handbuch der gesamten
## Papierfabrikation,
umfassend die Darstellung der Triebkräfte, der Materialien, deren Vorbereitung und Verarbeitung zu Halb- und Ganzzeug, des Bleichens, Leimens und Färbens desselben, der Bildung des Papiers durch Handarbeit und durch Maschinen aus Hadern, Stroh, Holz und anderen Surrogaten, sowie der Pappen und einiger besonderen Papiersorten, nebst Bemerkungen über Anlage und Verwaltung von Papierfabriken. Dritte Auflage von Lenormands Handbuch der Papierfabrikation in vollständiger Neubearbeitung. Mit einem Atlas, enthaltend 349 Abbildungen auf 31 Foliotafeln. gr. 8. Geh. 12 Mark.

---

Dr. W. F. Exner,
### die Tapeten- und Buntpapierindustrie
für Fabrikanten und Gewerbtreibende, sowie für technische Institute. Mit einem Vorworte von Direktor Dr. Karl Karmarsch. Nebst einem Atlas, enthaltend 8 Tafeln Maschinenzeichnungen, 7 Tafeln mit 44 Mustern und außerdem mit 13 in den Text eingedruckten Abbildungen. gr. 8. Geh. 11 Mark 25 Pfge.

Druck von B. F. Voigt in Weimar.